LES RUINES,

OU

VOYAGE

EN FRANCE,

POUR SERVIR DE SUITE A CELUI DE LA GRÈCE.

Par ADRIEN LEZAY

QUATRIÈME ÉDITION.

À la vue de tant d'horreurs..... je me consolai par l'espoir
d'un avenir plus heureux, et par la certitude que désormais
les événemens de la vie qui souvent nous contrarient, et
nous tourmentent sans sujet, ne me feroient que bien peu
d'impression, en les comparant à tout ce que nous aurions
souffert; tandis que la plus légère jouissance nous seroit
d'un prix infini. — Paroles d'une jeune personne qui s'est
enfermée pendant treize mois avec sa mère dans la prison du
Plessis.

A PARIS,

Chez {
MIGNERET, Imprimeur, rue Jacob, n.
N.° 1186;
MARET, Libraire, Cour des Fontaines,
Maison Égalité.

L'AN IV.

AVANT-PROPOS.

*D*ANS ces temps malheureux, où il est si dangereux d'écrire et si affligeant de penser, je n'avois d'abord destiné cet Ouvrage qu'à mes Amis ; mais j'ai songé ensuite qu'il pouvoit renfermer des vérités, et pensant qu'il seroit honteux de reléguer la Vérité dans la retraite, lorsque l'erreur se montre avec tant d'impudence, j'ai résolu de la mettre au grand jour.

En élevant ce monument à la Douleur, ce n'est pas vous à qui je le vouerai, Infortunés, qui n'avez échappé à la mort que pour pleurer sur ses ravages ! Loin de vouloir renouveller vos pleurs, je donnerois mon sang pour en tarir la source. Ce ne sera pas à vous non plus qui les fîtes couler, Ames féroces, ni à vous qui tardez tant à les sécher, Ames faillies. — Je le consacre à ceux qui viendront après nous.

Je leur dis ce que fut une révolution
chez un peuple corrompu ; ce qu'elle devint,
conduite par des hommes plus corrompus
que lui. Je leur montre un Empire abattu ;
une génération effacée de la terre, ou prête
à y rentrer en moins de temps qu'il n'en
faudroit pour peindre sa ruine ; et si nos
maux, par leur violence même, ont usé jusqu'à leur sentiment et à la force de nous
soulever contre eux, Ceux-là, du moins,
qui ne les verront que de loin, pouvant en
mesurer l'étendue, profiteront, en frémis-
sant, d'une leçon perdue pour nous.

Ce n'est donc point pour le triste plaisir
de perpétuer des douleurs, ou le plaisir
barbare d'entretenir des haines, que j'écris.
Cependant comme on est jugé, non d'après
soi, mais d'après ceux qui jugent, les uns
diront qu'il étoit inutile, d'autres qu'il
était dangereux de rappeler à la mémoire
ce qui ne peut se réparer : mais quoi ! est-
il donc inutile d'inspirer la salutaire horreur du crime, en faisant voir qu'il est

tôt ou tard, mais toujours son bourreau?
Est-il donc dangereux d'unir à la vertu
par l'égoïsme, en montrant qu'heureuse ou
malheureuse, elle est toujours sa récompense
ou sa consolation?

Voilà mon plan: je le divise en deux
tableaux, celui de la déconstruction, et
celui de la reconstruction sociale: pour
expliquer les causes, j'ai dû décrire les
effets; et pour cela, j'ai introduit un étranger. — Car, où est le Français qui n'ait
pas été ou bourreau ou victime?

Je l'ai promené à grands pas à travers
cette tragédie dont chaque scène sembloit
promettre un dénouement, et ne fut qu'une
catastrophe, où de trois mois en trois
mois, chacun changea de rôle sans changer
de nature, et où un peuple entier marcha à
la réforme par le crime... Il a vu des monstres
nouveaux, des tombeaux parmi les ruines,
des crimes et des malheurs d'une espèce nouvelle, et cherchant toujours la vertu sans

la jamais découvrir, il la croyoit perdue (1), *lorsque le premier Prairial il la trouva présidant le Sénat Français. Un homme devenu* Dieu, *sur l'autel même où il devoit tomber comme victime* (2)*, l'a à la fin payé de ses*

---

(1) Je ne prétends parler que de la *vertu publique.* Ah ! si je voulois faire adorer la PIÉTÉ FILIALE, croissant à l'ombre de la vertu maternelle, je sais bien où est sa retraite.

(2) Boissy présidoit la Convention, à l'instant où elle fut forcée par les factieux. Deux coups de pistolet lui sont tirés : *il se couvre,* et commande aux huissiers de faire faire silence. — Quelques instans après on apporte au bout d'une pique la tête de l'un de ses collègues, et on la lui présente : Boissy s'incline avec respect devant la tête, ainsi que la postérité s'inclinera devant Boissy.... Le député Legendre est encore du nombre de ceux qui n'ont pas mérité qu'on les oublie. Emporté par un de ces mouvemens qu'on lui connoît, et secondé par cette illustre Section de la Butte-des-moulins, qui toujours la première au péril, apprit dès le 31 mai aux fauxbourgs, ce qu'elle sauroit faire au 1er. Prairial, il a reconquis la Convention sur les rebelles; et si après le 10 Thermidor, tant d'infortunés lui ont dû leur liberté, c'est à lui qu'ils devront encore de ne l'avoir pas reperdue au 1er. Prairial. Tout ce qui vit aujourd'hui dans Paris, tout ce qui est libre, tout ce qui fait éclater la joie, sont autant de tributaires de Legendre et de Boissy. — Mais tout en admirant, on est fâché de devoir à des *hommes,* ce qu'on ne voudroit devoir qu'à des *institutions.*

recherches : cet homme qui fut si grand lorsque la Convention fut si petite, a paru ignorer sa grandeur; et le public qui ne se connoît plus qu'en grands crimes, a à peine parlé de ce B O I S S Y, que l'avenir, juge plus équitable que le temps, reprendra sans doute à un siècle auquel il n'appartenoit pas.

Pour la CONVENTION NATIONALE, toujours autre et toujours la même, *toujours prompte dans sa vengeance et toujours lente dans sa justice*, on l'a vue, au jour de sa victoire, oublier la reconnoissance pour ne songer qu'au châtiment. Sans doute il eût été touchant de la voir parer de bienfaits son triomphe, et telle que le matelot échappé au naufrage, consacrer ses premiers momens aux bonnes œuvres : c'étoit en ce jour de jubilation, qu'il falloit d'une main prodigue restituer les dépouilles sanglantes qu'un premier crime a envahies, et qu'un second crime retient; qu'il falloit essuyer des larmes, appaiser des murmures, calmer des souvenirs, et appeler la bénédiction de l'orphelin et de la veuve sur la terre qu'on veut rendre libre. — Et l'on eût vu alors si le ressort de l'amour est moins puissant que celui des supplices. . . . Mais au lieu de cela on a vu : Que ce n'est point dans un grand corps que peut naître une grande pensée.

LES RUINES,

OU

VOYAGE

EN FRANCE,

Pour servir de suite à celui de la Grèce.

―――――――

JE venois de parcourir la Grèce, cette ancienne patrie des dieux, des sages et des héros..... celle aujourd'hui de quelques demi - sauvages qui, pêle - mêle avec les hiboux, habitent parmi les ruines.—J'avois fréquenté ces *lieux saints*, consacrés, les uns par les arts, les autres par la liberté... Corinthe, Argos, Delphes, Platée, et cette illustre Pise aussi, où, de cinq ans en cinq ans, la gloire, les talens, la beauté, la force et le génie venoient s'offrir à l'admiration de la Grèce... J'avois foulé la même terre que Socrate... je m'étois prosterné sur celle où la vertu de trois cents Spartiates soutint pendant deux jours tout le poids de l'Asie...

A

(2)

Quelques pans de muraille ensevelis sous l'herbe, des tronçons de colonnes, des statues mutilées par les barbares, ou demi-rongées par le temps.... c'est tout ce qui restoit.

Attristé de n'avoir sous les yeux que des monumens d'une grandeur passée, et d'une liberté qui n'est plus, je résolus de voyager chez les Nations qui ont remplacé cet Empire célèbre sur la scène du monde. — Une grande et heureuse révolution venoit, disoit-on, de s'opérer dans l'Occident. Un peuple de héros, conduit par un peuple de sages, avoit réalisé les rêves de Platon.... Là, je verrois revivre ces belles institutions de Lycurgue, de Solon et de Zaleuque ; là, je retrouverois les Epaminondas, les Phocions, les Démosthènes, et avec eux, les Phidias, les Callimaques, les Euripides et les Lamprus : où sont les grands modèles, naissent les grands artistes ; j'habiterois parmi un peuple neuf et civilisé tout ensemble, doué des mœurs de Sparte et de la politesse Attique.... et de retour dans ma patrie, peut-être la retirerois-je de sa léthargie, et la réveillerois-je à son antique splendeur !

Enivré de ces espérances, empressé sur-

tôt de les réaliser, ma résolution fut
bientôt prise : sans regret je quittai ces
lieux profanés, je m'embarquai à Lepanto,
autrefois Naupactus ; et après une courte
navigation, mais trop longue encore au
gré de mes desirs, je pris terre à Marseille,
ancienne colonie des Phocéens.

A mesure que j'avois approché du rivage,
mon impatience s'étoit convertie en un sai-
sissement de respect...... J'éprouvois ce
recueillement dont est saisie l'ame religieuse
à l'approche des temples de la Divinité.....
Simple élève de la nature, esclave inculte
d'un Despote, j'allois me trouver au milieu
du peuple le plus éclairé, le plus libre de
l'Univers, et des larmes de honte s'échap-
poient de mes yeux !—En sortant du vaisseau, je ne pus contenir mes transports...
Salut, ô terre de la liberté, m'écriai-je,
en me précipitant à genoux !.... Je m'in-
clinois pour la baiser, lorsqu'un soldat se
présentant à moi, me demanda mon *passe-
port*.... —Je ne savois ce que vouloit cet
homme...—Un passe-port, lui dis-je ! dai-
gnez m'apprendre ce que signifie ce mot...
—Ah ! tu n'as pas de passe-port, répli-
qua-t-il, en m'entraînant avec rudesse....
Caporal !... aux armes... c'est un suspect...

il n'a point de passe-port. — Le caporal
arrive... point de passe-port!... vîte ! deux
fusiliers... ce sera quelqu'émigré rentré...
qu'on le conduise au *comité de surveillance*...
Et voilà qu'on m'emmène , escorté de deux
espèces de janissaires , et d'une foule immense qui hurloit. Je ne savois si je rêvois :
je ne concevois rien à cette étrange récep-
tion ; et sans l'accueil un peu brusque qu'on
m'avoit fait d'abord , je n'aurois pas douté
que cette escorte ne fût quelque garde-
d'honneur , que recevoient en pareil cas
les étrangers dans cette terre hospitalière.
—Arrivé à ma destination , je fus long-
temps à me morfondre dans un grand ves-
tibule , rempli de pauvres diables , qui ,
comme moi , sans doute, *n'avoient pas eu*
la précaution de se pourvoir de passe-port.
Chacun attendit patiemment son tour : je
vis des mendians à demi-nus , prendre le
pas sur de gros marchands Gênois tout couverts de velours ; et si j'avois eu lieu d'ad-
mirer les rares précautions que l'on prenoit en ce pays en faveur de la liberté , je
ne vis pas avec moins de plaisir le triomphe
qu'y remportoit *l'égalité de droits sur*
l'inégalité des vétemens... Enfin l'auguste
Aréopage s'ouvrit pour moi ; c'étoit un cor-

donnier qui *présidoit :* après m'avoir curieusement examiné, on passa à l'interrogatoire, il fut très-laconique de part et d'autre : Qui es-*tu ?* d'où viens-*tu ?* où vas-*tu ?* — Sans autre préambule, je répondis : Que j'étois *Turc*, et que je venois voir la France : Qu'en Turquie, pays à la vérité fort esclave, l'on voyageoit sans passe-port : Que l'État y veilloit à la sûreté des voyageurs, mais sans pousser le soin jusqu'à leur donner des escortes : Qu'au surplus le GRAND-SEIGNEUR, *mon maître*, protégeoit de loin comme de près ses sujets, et qu'il avoit cent mille hommes toujours prêts à venger les attentats commis sur le moindre d'entre eux. — J'avois eu peine à finir ma harangue : Au mot de Turc, on avoit froncé le sourcil : Au nom de Grand-Seigneur, d'affreux rugissemens couvrirent ma voix... C'est l'agent d'un Grand-Seigneur, s'écrioit l'un... peut-être de *Condé*, s'écrioit l'autre... Au *Comité de sûreté générale*, disoit celui-ci... à la *fenêtre nationale*, disoit un autre, et tous crioient ensemble : il faut qu'il meure ! il faut qu'il meure ! ... Le tumulte étoit à son comble : il s'agissoit de verbaliser, il étoit tard, et pour comble de malheur, le secrétaire étoit absent, et personne ne savoit

écrire ! — Enfin, le calme s'étant un peu
rétabli, l'un des sénateurs, homme de sens,
parvint à faire entendre : Que les Turcs
étoient amis : Que le Grand-Seigneur étoit,
non pas le *traître Condé*, mais tout simplement le Sultan de Constantinople, homme
puissant, fort mauvaise tête d'ailleurs,
et qui pis est, très-disposé à faire empaler
vifs tous les *braves sans-culottes* qui voya-
geoient dans ses États, si l'on touchoit à
un seul poil de la moustache d'un Musul-
man. — Le discours fit effet : la liberté me
fut rendue, et je me hâtai d'en profiter.
Mais je n'étois pas au bout de mes infor-
tunes ; à peine avois-je fait quelques pas
dans la rue, qu'une *patrouille* me rencontre
et me demande *ma carte* : autre embarras,
je ne savois pas mieux ce que l'on enten-
doit par une carte que par un passe-port :
autre visite au comité ; pour cette fois, je
fus reçu plus cordialement : un rire désor-
donné s'empara de tout l'auditoire, quand
je contai ma nouvelle mal-encontre : je fus
mis bien en règle, et pressé de quitter une
ville où, pour plus de liberté, on étoit arrêté
à chaque coin de rue ; je pris deux jours
après la route de Paris... Mais cette fois,
j'avois eu soin de me munir d'un passe-

port et bien m'en prit : pas une misérable bourgade, pas le plus chétif hameau où je ne fusse visité, fouillé jusqu'entre cuir et chair... J'avois été arrêté cinquante-huit fois en douze heures, lorsque j'arrivai à Oranges.

Enfin je commençois à respirer : un ciel serein, une douce température, quelques débris d'un monument Romain qui réveilloit en moi le souvenir de ceux de ma patrie, un fleuve plus majestueux que le Pénée, des campagnes fleuries, et le lointain d'une grande montagne qui figuroit le mont Athos, tout me représentoit cette heureuse vallée de Tempé, que quelques mois auparavant je parcourois encore. Une seule chose m'affligeoit : de si beaux sites étoient inanimés. — La peste auroit-elle désolé cette belle contrée, demandai-je à quelqu'un, en lui témoignant ma surprise ? —La peste, me répondit-il, elle en auroit moins fait !... et me montrant un échaffaud, d'où s'élevoient deux colonnes de bois traversées par un coutelas : Voilà, ajouta-t-il, ce qui a dépeuplé nos campagnes, ce qui a ravagé nos ateliers, ce qui a dépouillé nos charrues... Tant ici qu'à Avignon, à Bédoin, à Arles et à Marseille, la

Guillotine a moissonné cinq mille hommes ! Cinq mille hommes ! grands Dieux ! Tous les brigands de l'univers s'étoient donc retirés parmi vous ? — Non. C'étoient des Français... Mais les uns étoient *des riches*, on les a accusé d'avoir appauvri le peuple : les autres étoient *des nobles*, on les a accusé de le haïr : les autres étoient des *commerçans*, on les a accusé de vouloir l'affamer : celui-ci a été condamné pour avoir semé en luzerne une terre qui ne convenoit pas au bled, un autre pour avoir travaillé le *dixième* jour, et un autre encore pour n'avoir pas travaillé le *septième*... Vous voyez ce couteau sanglant ! hé bien ! pendant une heure je l'ai *vu* suspendu sur ma tête : j'étois riche ; ils en vouloient, non à mon sang, mais à mon or : ils m'ont vendu ma vie... Un malheureux venoit d'être jugé à mort : sa femme accourt ; elle arrive comme on lui annonçoit sa sentence : dans l'égarement de là douleur, elle tombe aux genoux des juges, les baigne de ses larmes : ils restent inexorables... Désespérée, elle se relève, se précipite dans les bras de son époux, l'embrasse étroitement, et s'adressant au tribunal : Hé bien ! bourreaux de l'innocence ! puisque le même lit ne doit plus nous unir, la même tombe nous unira...

Vive le Roi... Le procès fut bientôt jugé. Les deux époux, traînés dos à dos au supplice, moururent à la vue l'un de l'autre. Je pleurois à ce récit.— Tu pleures, me dit le vieillard en pleurant, attends encore, retiens tes larmes... Un pauvre enfant de quatorze ans étoit dans les prisons !... simple comme son âge, il ne sentoit pas son malheur : la journée se passoit pour lui comme l'enfance, à courir, à jouer, à chanter ; il cultivoit des fleurs, et chaque jour son vieux papa (c'étoit ainsi qu'il m'appeloit) en avoit une. — Un soir (heure terrible dans les prisons) un huissier se présente, la liste funèbre à la main ; il fait l'appel de ses victimes ; chacune répond à son tour : déja plus de cinquante avoient été appelées, lorsque le nom, *Melet*, vient a sortir. C'étoit ce malheureux enfant...... Ne vous trompez-vous pas, s'écrient tout d'une voix les prisonniers ? *Melet n'a pas quinze ans* ...Non, je n'ai pas quinze ans, s'écrie lui-même cet enfant ! non, je n'ai pas quinze ans ! et il tombe par terre comme frappé de mort subite; et tous répétoient, en pleurant, ce lugubre refrein : *Melet n'a pas quinze ans !*... J'accours au bruit ; l'enfant se relève à ma voix et vient se réfugier dans mes bras... Mais que leur ai-je fait, s'écrioit-il en me baignant de larmes? mais que leur ai-je fait ? ...Je ne te verrai plus mon père! ... Ma sœur, je ne te verrai plus ! Et je ne répondois à ses larmes que par mes larmes ... L'enfant s'évanouit... Un terrible silence régnoit. L'huissier le rompt, et d'une voix qui ne fut jamais celle d'un homme : Hé bien ! dit-il, a-t-on bientôt fini ces grimaces ?... et saisissant le malheureux qui s'attachoit de toute sa force à mon cou, il le jette dans la charrette... Le lendemain il n'étoit plus... Hé ! qui donc est coupable de tout ce sang, m'écriai-je, ne pouvant plus me contenir? —C'est un *Représentant du Peuple*, me répondit-il. Que dites-vous ?... Le peuple est donc représenté par ses bourreaux ? — Hélas ! reprit le vieillard en secouant la tête, chez vous sans doute, c'est le grand nombre qui fait la loi; ici, c'est lui qui la reçoit: dix hommes en font trembler sept cents ; ces sept cents à leur tour en font trembler trente millions... Quelques-uns ont voulu résister, ils ont péri. La tempête a brisé tous les chênes et n'a pardonné qu'aux roseaux ; ceux qui auroient la puissance du bien, n'ont que la volonté du mal : au nom de l'égalité, ils nous ont tous réduit à rien ; au nom de la liberté, ils nous chargent de chaînes ; au nom de la Patrie, ils nous égorgent... Qui que tu sois, pauvre étranger ! fuis cette malheureuse terre.

Je tremblois de tous mes membres à ce terrible récit... Rêve infidèle, m'écriai-je ! Voilà donc cette Grèce que je croyois retrouver !... Hélas ! il est trop vrai, je la retrouve, mais telle qu'Hercule et Thésée la trouvèrent lorsque les Sinnis, les Procrustes et les Sysiphes l'infestoient !... O ma Patrie ! c'est le sceptre de fer des Osmans, et vingt siècles d'ignorance qui t'ont rendue à ta première barbarie... Mais cet Empire infortuné ! Ce sont vingt siècles de lumière qui le replongent dans la sienne !

Je ne savois si je repasserois les mers, l'illusion étoit dissipée. N'avois-je pas assez vu de ruines ! et qu'avois-je eu besoin de quitter les tombeaux de mes pères pour visiter d'autres tombeaux !... Mais aussi, quels souvenirs emporterois-je ? Peut-être ce récit étoit-il exagéré ! Devois-je accuser tout un peuple ?... Après bien des irrésolutions, je me décidai à continuer ma route vers la capitale. Peu-à-peu ces sombres tableaux s'effacèrent, et l'espérance en dessina de plus légers à mon imagination. Je devois passer par Lyon , la seconde cité de l'Empire , la capitale du commerce intérieur. Lyon est la ville des artisans , comme Paris est la ville des artistes : dans celle - ci , les richesses affluent , mais c'est d'ici qu'elles découlent : ici chaque homme en vaut plusieurs ; ses bras sont ceux de toute une famille à laquelle ils donnent du pain , et de tant d'autres encore auxquelles ils donnent des vêtemens : une ville de *fabricans* en vaut quatre de *capitalistes*. Avec quelle joie je m'avançois vers ce grand atelier où cent mille bras manufacturoient journellement le produit du travail de cent mille autres , et le rendoient tout façonné à autant de consommateurs ! Avec quelle attention je visiterois ces belles créations de l'industrie , ces machines incompréhensibles qui ont coûté des siècles à inventer , et d'autres siècles à perfectionner !

Quand j'arrivai, Lyon étoit en cendres... Des prisons , des tombeaux , des ruines , c'est tout ce qui restoit : il venoit d'être bombardé. Au lieu de ces milliers de fabriques , au lieu de cette activité créatrice , je ne vis que des hommes occupés à démolir, et à lessiver les décombres pour en extraire le salpêtre... Les rues étoient désertes : un silence profond régnoit ; il n'étoit suspendu

de loin en loin que par le fracas des édifices
qui s'écrouloient : du milieu d'une place
s'élevoit une colonne portant ces mots : LYON
N'EST PLUS !... Plus loin des palais en ruine
disoient ce qu'il avoit été... Une explosion
terrible éclata tout-à-coup. J'accourus.....
De longs gémissemens suivirent : comme
j'arrivois, une seconde explosion mettoit en
pièces cinq cents malheureux : ils vivoient
encore au milieu de leurs débris inanimés ;
ils moururent deux fois : on fit broyer par la
cavalerie leurs restes encore vivans : je vou-
lus fuir ! mon sang étoit glacé. Je m'achemi-
nai lentement le long des quais du Rhône :
quelques pas devant moi, marchoit précipi-
tamment une femme portant entre ses bras
un jeune enfant : tout-à-coup elle s'arrête :
elle fixe l'enfant : le baise avec transport :
l'élève vers le ciel ; et le collant ensuite sur
son cœur, elle s'élance dans le fleuve.

Je n'eus point de larmes à te donner,
Malheureuse ! l'horreur les avoit glacées dans
mon sein : toutes mes facultés étoient suspen-
dues, je doutois de mes sens ! Hélas ! on ne
croit pas ce qui n'est pas croyable ! Cinq
cents victimes d'un seul coup !... huit mille
autres en huit jours ! et trente mille encore
que le même sort attendoit, s'ils ne s'étoient

pas exilés !... Cent cinquante mille hommes se laisser ainsi décimer par un seul !.... Un seul anéantir en un instant ce que la nature en trente ans avoit eu peine à produire !.... L'attrait de la conservation si oisif !.... L'attrait de la destruction si pressant !... Que vouloit-il donc faire de tout ce sang? s'en engraisser?... s'y baigner? le boire?.... Le rendoit-il plus grand, plus beau, plus fort, plus jeune, plus puissant ? Aspiroit-il à la gloire de ces sauvages, chez lesquels est admis à boire dans un crâne au festin des héros, le guerrier qui rapporte le plus de chevelures?—Non : ce n'étoit rien de tout cela : la plus haute pensée humaine l'animoit : la RÉGÉNÉRATION DE L'ESPÈCE, LA PURIFICATION DE LA RACE VIVANTE !.... Imitons la nature, s'étoient dit ces enthousiastes ; jetons à la refonte tout ce qui est usé : préparons par la mort les voies d'une nouvelle vie... Les hommes sont nés *libres* ; celui qui refuse de l'être n'est pas un *homme* ; c'est une espèce à part ; un animal domestique qu'il faut envoyer aux bouchers, lorsqu'il n'est pas docile à notre joug. — Mais je me trompe encore : non, malheureux ! le fanatisme de la liberté, cruel mais élevé, ne vous égaroit pas ! En lui creusant pour

fondemens un immense tombeau, en bâtis-
sant son temple avec des ossemens humains,
en le crépissant de sang et de larmes, ce
n'étoit point pour elle, c'étoit pour vous
que vous travailliez : hier encore, imper-
ceptibles insectes ensevelis dans le néant,
à peine en êtes-vous sortis que vous voulez
jouer la PUISSANCE ! . . . Comment l'exerce
la Nature !... Elle procède par deux routes :
l'une qui conduit à la VIE, mais lente, invisible, silencieuse ; — c'est celle de la CRÉA-
TION. L'autre qui conduit à la MORT, mais
rapide, immense, bruyante ; — c'est celle de
la DESTRUCTION... Pouviez-vous hésiter ?
Non, misérables Hérostrates ! En voulant
la célébrité à tout prix, vous saviez bien
qu'en vain vous auriez aspiré à celle de *bâtir*
le temple de Diane ; alors vous avez dit :
obtenons en du moins en le *brûlant*.

Je n'étois pas encore revenu de mon égarement, lorsque des cris de joie m'en tirè-
rent : c'étoit des hommes réunis dans une
vaste enceinte, qui chantoient.—J'entrai ;
l'un d'eux assis sur un autel, entre deux
bustes, sembloit le Dieu qu'on adoroit : des
hymnes de louanges lui étoient adressés :
on le remercioit d'avoir sauvé le peuple, et
à plusieurs reprises la voûte retentit de son

nom. Quand le peuple eut tout dit, le Dieu prit la parole. « *La foudre nationale* a écrasé » vos ennemis : de toutes parts éclate la *ven-* » *geance du peuple.* Ici d'insolens million- » naires insultoient à *l'égalité* ; je suis VENU, » j'ai VU, j'ai VAINCU, ils ne sont main- » tenant que poussière.... Nantes a vu la » Loire engloutir *trente mille fanatiques,* » qui dans leur culte impie adoroient un » autre Dieu que la *Liberté... Dix mille* » *conspirateurs* tramoient la perdition du » Nord. Lebon les a exterminés... Ainsi » périssent les *tyrans* ; ainsi périssent tous » les *traîtres...* Et vous, *martyrs* augustes » de la *liberté,* sacrificateurs généreux, que » des mains parricides ont ravis à son » culte, recevez en expiation ces sanglantes » offrandes, trop foible dîme de la riche » moisson que nos mains vous préparent : » vous avez demandé trois cent mille têtes... » vous les aurez... vous les aurez... Tout ce » qui est *impur* périra... tout ! oui, tout... » *J'immolerois même mon propre père, si* » *son cœur connoissoit la pitié.* » Ce dis- cours avoit été souvent interrompu par des applaudissemens redoublés ; il fut suivi *des cris mille fois répétés de* VIVE LA RÉPU-BLIQUE. Quelques orateurs parlèrent encore.

Un

Un fils vint dénoncer son père , comme ayant donné asyle à un *traître* qui avoit embrassé ses Pénates ; il demanda qu'il fût *arrêté comme suspect ,* et à entrer dès ce moment en jouissance de la succession.... Une femme accusa son mari d'avoir favorisé l'évasion d'un *proscrit ,* et déclara que ne pouvant plus vivre avec un royaliste, elle alloit divorcer et *prendre* un *sans-culotte.* La *mention honorable* fut accordée à ces deux traits de désintéressement républicain ; quelques hymnes civiques vinrent ensuite , et la séance fut levée. — Le lendemain , une fête fut célébrée en l'honneur des deux martyrs , de nouvelles hécatombes leur furent immolées... J'étois déja familiarisé au carnage : je partis pour Paris.

Il est temps que je me recueille : mon ame , égarée jusqu'ici loin de moi , tantôt parcourant ces villes dépeuplées , ces campagnes désertes , tantôt animant ces milliers de victimes , et partageant leur agonie , n'a pu saisir que les surfaces , elle étoit trop troublée pour pénétrer au fond des choses. — Ce qui m'avoit frappé d'abord , c'étoit cette tendance *unique* d'un peuple immense vers sa liberté , ce développement total de ses moyens, cette renonciation miraculeuse

B

à tous ses souvenirs, ses goûts, ses habitudes, enfin, cette adoption surnaturelle d'une existence entièrement inusitée. — Mais autant le *but* et les efforts de ce grand peuple étoient manifestes à mes yeux, autant les *moyens* que l'on prenoit pour l'y conduire m'étoient incompréhensibles. Peu versé dans les combinaisons compliquées de l'art social, je faisois de vains efforts pour concilier ce qui me sembloit inconciliable. Je ne voyois de toutes parts qu'*échaffauds* ! Etoit-ce par le rajeunissement *Médéen* que l'on prétendoit régénérer l'espèce décrépite ?... Que vouloient dire ces cachots ? étoit-ce là les moules où *se jettent* les hommes libres ?... Pendant que des milliers d'indigens n'avoient pas une pierre où reposer leurs têtes, je voyois démolir des cités ! croyoit-on venger les chaumières ? quel crime avoient commis les murailles ?... Une révolution s'étoit opérée dans chaque famille comme dans tout l'Etat : mêmes inimitiés, mêmes factions, même dépopulation, même ruine ; tout jusqu'au cœur, jusqu'à l'esprit de l'homme avoit subi sa révolution : même bouleversement, même appauvrissement, mêmes écarts. Dans leur vaste conjuration contre l'espèce humaine, ils avoient embrassé le passé, le présent, l'avenir : les morts furent tirés des tombeaux et remplacés par les vivans, l'avenir infecté dans ses germes, la chaîne des temps désunie ; tous les âges s'en ressentirent ; la vieillesse resta sans habitude, l'âge mûr sans morale, l'enfance sans éducation : tous les rapports anciens étoient anéantis ; les traditions effacées, les plus chères affections proscrites, les plus secrètes communications étouffées.... ils avoient réduit l'homme à rien.... Son Dieu, son avenir, sa conscience, ils lui avoient tout pris... et que lui avoient-ils rendu ? Ces grandes idées surnaturelles qui sont à nos idées sensibles, comme les corps célestes aux corps qui nous avoisinent ici-bas, avec quoi les remplaçoient-ils ? Étoit-ce avec leur *Panthéon* qu'ils pensoient tenir lieu de l'immortalité de l'ame ? Étoit-ce avec leurs *Comités de surveillance* qu'ils comptoient suppléer au TÉMOIN QUI VOIT TOUT ?... Ils n'avoient remplacé que l'enfer !.... Avoit-on à dessein rompu tous ces liens de l'homme, afin de l'isoler plus complettement du *passé* ?....Ne l'avoit-on détaché de tout, qu'afin de l'attacher plus uniquement à la Patrie ?.... L'égorgeoit-on pour le rendre plus pur ?...

l'enchaînoit-on pour le rendre libre ! ...—
Je l'avoue : cette *liberté* des cachots, cette
égalité de misère, fit naître en moi des
doutes ; dans la confusion où me jetoient
ces étranges contrastes, je me permis de
soupçonner que tout pourroit bien n'être
que nominal dans ces *valeurs politiques*,
et que ces DROITS pompeux, gravés en
lettres d'or sur le frontispice de la révolution, comme ces écriteaux ampoulés que
placent les marchands au-dessus de leurs
portes pour achalander la boutique, aussi
fictifs que ce colosse de papier devant lequel
a fui la richesse nationale, étoient peut-
être au même taux que lui. Le spectacle
d'une Nation qui s'agite avec force pour
secouer ses fers, m'avoit pénétré de respect : à la vue de tant de millions d'êtres,
qui subitement fondus en UN SEUL, agis-
soient avec le poids des grandes masses et
l'intensité des petites, je n'avois pas été le
maître de mon enthousiasme.... Mais quand
je vis que cette masse, inerte en elle-même,
ne se mouvoit que par impulsion, quand
je la vis avancer, reculer et tourner en tout
sens, au gré de quiconque s'en emparoit,
et fermenter, quel que fût le levain... Alors
à l'*admiration* succéda la *pitié*, et je n'eus

plus devant les yeux qu'un de ces grouppes villageois que, le plus misérable ménétrier remue, transporte et tient en convulsion, par le moyen de quelques sons, jusqu'à ce qu'épuisé de fatigue, il passe de l'excès de l'agitation à l'excès du sommeil. — Cette touchante bonne-foi, me dis-je alors, cette héroïque patience, cette infatigable activité, enfin ces inestimables offrandes destinées à la divinité, si des prêtres infidèles les avoient détournées à leur profit !.... S'il étoit vrai que ces torrens de sang dont ils ont inondé ses autels, eussent coulé en pure perte, et que tout ce que ce peuple a prodigué pour élever son temple, eût été dépensé à lui forger des chaînes (1) !

---

(1) Ce mal se répandit depuis par toute la Grèce, à cause des diverses factions, dont celle du Peuple appelloit les Athéniens, et l'autre les Lacédémoniens, chacun cherchant de s'aggrandir pendant la guerre, par la ruine de ses ennemis, parce que la paix n'en fournissoit ni le prétexte, ni l'occasion, outre que ces deux Etats fomentoient la discorde par l'intérêt qu'ils y avoient. Cela causa donc plusieurs désordres dans les villes, et en causera toujours de semblables, tant qu'il y aura des hommes au monde. Mais les séditions sont tantôt plus douces, tantôt plus cruelles,

Ce soupçon révoltant me fit rougir : qui
oseroit trahir de si saints intérêts ? Quel

selon les diverses occasions ; car en temps de paix,
les hommes souffrant moins sont plus raisonnables ;
au lieu que la guerre aigrissant leur mauvaise humeur,
les rend conformes aux malheurs qui la causent. Mais
les dernières sont toujours les plus furieuses, parce
que la vengeance n'est pas satisfaite, si elle ne surpasse
l'injure, outre qu'on est déja instruit ou plutôt corrompu par l'exemple des autres, et qu'on se plaît
d'inventer de nouveaux supplices. Ce mal ne changea
pas seulement les esprits, mais l'usage ordinaire des
mots. Une hardiesse inconsidérée se nommoit un zèle
pour ses amis ; une promptitude étourdie étoit le signe
d'un grand courage ; la colère, une preuve de fidélité
et de franchise, et l'on devenoit suspect en s'y oppo-
sant ; la fourbe passoit pour une marque d'esprit, par-
ticulièrement lor qu'elle étoit heureuse, et la défiance
pour un témoignage de bon sens. On appelloit, au
contraire, la retenue, une crainte palliée ; la prudence,
un prétexte de lâcheté ; la considération, un obstacle
aux grands desseins ; la sûreté des conseils, une hon-
nête excuse pour ne point agir. Celui qui ménageoit sa
conduite, pour ne point s'engager témérairement,
étoit tenu pour mauvais ami et pour timide, et celui
qui attaquoit le premier, ou qui portoit les autres au
mal, étoit estimé le plus judicieux et le plus prudent.
La parenté étoit un obstacle à la société, parce que
ceux qui n'ont point de parens sont plus hardis à entre-
prendre, et qu'on ne s'associoit pas pour s'agrandir

intérêt plus grand pourroit porter à les trahir? Un peuple *représenté* ne sauroit

---

par des moyens honnêtes et légitimes, mais par une ambition et une avarice déréglée, *et le crime commun lioit plus la société que la foi ni le serment.* Quand un ennemi proposoit quelque chose de bon, on regardoit, avant que de l'approuver, s'il étoit utile, et l'on n'avoit pas tant d'égard à ce qui étoit bon en soi, qu'à ce qui l'étoit à ceux qui en jugeoient. On songeoit plutôt à se venger qu'à se défendre, et à faire du mal qu'à s'empêcher d'en recevoir. Dans les réconciliations les sermens n'avoient de force qu'autant qu'on étoit dans l'impossibilité de les violer, et ne servoient pas d'assurance, mais de piège pour surprendre son ennemi au dépourvu et l'attaquer sans danger, et cela passoit pour un stratagème. On remportoit par-là la gloire d'être plus habile que son compagnon; comme ceux qui sont fins passent plutôt pour prudens, que les simples pour gens de bien ; c'est pourquoi l'on se vante de l'un , et l'on a honte de l'autre. *La source de tous ces maux étoit dans le desir de commander,* causé par l'avarice et l'ambition, et dans le plaisir qu'il y a de vaincre. Car ceux qui gouvernoient, *sous prétexte d'entretenir une égalité populaire,* ou de préférer les plus gens de bien dans le gouvernement, ne songeoient qu'à s'agrandir, et dans le dessein de supplanter leurs rivaux, en venoient aux plus grandes extrémités, et à des supplices encore plus atroces que leurs crimes. On n'avoit devant les yeux ni la justice , ni l'intérêt de l'Etat , mais seulement la passion qu'on

l'être : son gouvernement est *son élu*, ses *représentans* ne sont qu'une portion d'élite

---

tâchoit d'assouvir par des condamnations extraordinaires et des cruautés inouies. Ni la foi ni la religion n'avoient lieu dans les traités, on n'essayoit qu'à se surprendre l'un l'autre sous ce prétexte ; et qui le savoit faire le mieux, étoit le plus estimé. *Ceux qui n'étoient d'aucun parti, étoient persécutés par tous les deux, ou par jalousie de ce qu'ils n'avoient point de part aux maux publics*, ou pour les obliger à se déclarer. Ainsi, la diversité des factions introduisit toute sorte de maux dans la Grèce. La franchise et la probité en furent bannies avec une envie perpétuelle de s'opposer les uns aux autres. Rien n'étoit plus capable de réunir les esprits ; ni promesses, ni sermens, chacun penchoit à la défiance et à l'incrédulité, et ne songeoit qu'à prévenir son compagnon. S'il y avoit quelque consolation en ce malheur, c'étoit de voir que les esprits les plus grossiers avoient souvent l'avantage ; car se défiant de leur incapacité, et de la suffisance de leurs ennemis, ils avoient recours à des remèdes prompts et violens, de peur d'être surpris par leurs artifices ; au lieu que les plus fins, pensant pénétrer dans les secrets des autres, étoient attrapés, en attendant le temps pour agir.

Ces exemples et les autres semblables, qui avoient leur fondement dans la violence plutôt que dans la raison, commencèrent à éclater dans Corcyre, les uns les pratiquant par nécessité ou par vengeance, les autres pour s'agrandir, ou pour s'enrichir aux dépens d'au-

de lui-même, que les *membres* d'un *corps*
qu'ils ne sauroient blesser sans *ressentir*
eux-mêmes la blessure..... Hélas ! je me
souvins trop tôt qu'un Collot avoit mas-
sacré huit mille de ses concitoyens, sans
ressentir leur agonie ; Carrier avoit-il *res-
senti* les trente mille morts qu'il avoit or-
données ? Tant d'autres ont-ils seulement
trempé leurs lèvres dans la coupe amère
qu'ils avoient préparée ? L'assassin a-t-il
rien de commun avec le malheureux qu'il
assassine ? (1)..... Quoi qu'il en soit, le

---

trui, quelques-uns par ignorance, croyant la chose
raisonnable, si bien que tout étoit bouleversé. *La
Nature humaine s'étant rendue maîtresse des loix*, elle
qui a coutume de les enfreindre dans leur plus grande
vigueur, fouloit aux pieds la justice, et montroit son
impuissance à se commander, et à souffrir tout ce qui
étoit au-dessus d'elle. Dans le plaisir de la vengeance,
elle violoit le droit des gens, sur lequel étoit fondée
toute l'espérance de se sauver dans un changement,
et ne se laissoit aucun asyle dans l'adversité. *Thucyd,
Guerre du Pélop. Liv.* 3.

(1) Le dilapidateur qui vide les coffres de l'État
dans les siens, et qui, par ses dilapidations, provoque
d'accablans impôts, a-t-il les mêmes intérêts comme
magistrat et comme *citoyen* ? Si en cette derniere qualité il supporte la 24 millionième partie du dommage
qu'il a causé, n'en récolte-t il pas d'ailleurs tout le
profit, moins ce foible numérateur ?

peuple, au *nom du peuple*, étoit fortement opprimé, et en ceci, assurément la *représentation de sa volonté* différoit étrangement de sa *volonté même* (1) : il *vouloit* être libre, on le *faisoit* esclave ; il vouloit être heureux, et on le rendoit misérable : d'où donc venoit cela ?.... Un peuple ne peut être opprimé par lui-même ; ceux qui l'oppriment sont donc autre chose que lui (2) ; ainsi, cherchons où est le peuple dans l'État, et quand nous l'aurons découvert, nous saurons quels sont ses ennemis.— *Des hommes réunis ne forment un corps de* N*ation*, *que par leur résidence sur un territoire dont ils ont la propriété :* un territoire sans hommes, ou des hommes sans territoire, ne sont, le premier qu'un désert, ceux-ci qu'une horde errante et sauvage, et tous

----

(1) La Représentation nationale est le *signe* du peuple, comme le papier national est le signe de l'or ; mais du signe à la chose il y a une grande différence, témoins, l'assignat et la Convention.

(2) Je ne dois parler ici ni de l'oppression monarchique, ni de l'oppression aristocratique : j'observerai seulement que lorsque le gouvernement est dans les mains des *grands propriétaires*, il est en position bien moins défectueuse que lorsqu'il est dans celles des *non-Propriétaires* ; ceci n'a pas besoin de développement.

deux encore dans l'état de nature (1). Posséder et habiter, propriété de territoire et résidence sur ce territoire, telles sont les qualités constitutives d'une Nation. — Que s'ensuit-il de là ? . . . . *Qu'un* homme ne sera membre d'une Nation que par un procédé pareil, qu'aux mêmes conditions par lesquelles cette Nation est devenue Nation, j'entends la résidence et la propriété : l'un sans l'autre n'est rien. L'habi-

____

(1) Un peuple ambulant, par cela même qu'il est ambulant, est encore dans l'état de nature, c'est-à-dire, de communauté. Pour en sortir, il faut donc qu'il se fixe : pour se fixer, il faut qu'il s'approprie un territoire. Ainsi c'est comme moyen de résidence et non de subsistance, qu'un territoire est nécessaire à un peuple pour devenir Nation. On suppose néanmoins qu'il est des Etats sans territoire, et l'on cite Genève, la Hollande, Augsbourg, etc. ; d'où il suivroit qu'un fonds territorial ne doit être réputé territoire qu'autant qu'il alimente tous les citoyens ; en sorte que s'ils sont grands mangeurs, il faudra un plus grand territoire ; s'ils sont sobres un moins grand, et que la capacité du territoire *requis* s'estimera sur celle des estomacs. — J'avoue que j'entends la chose autrement : Genève sans doute est bâti sur quelque chose ; eh bien ! ce quelque chose est son territoire plus ou moins grand, plus ou moins fertile, n'importe, pourvu qu'il y ait place pour tous.

tant non - propriétaire n'est simplement qu'un habitant, c'est le peuple sans territoire : de même le propriétaire non-habitant, n'est qu'un simple propriétaire, c'est le territoire sans peuple ; celui-là donc seulement est CITOYEN, membre de la cité, qui remplissant les deux conditions qui la constituent elle-même ; est HABITANT-PROPRIÉTAIRE.

Cela posé, tout se déroule de soi-même. Un homme n'appartient qu'à lui, une propriété qu'à son propriétaire. Ainsi, aux citoyens seuls appartient la cité : je dis qu'en eux *seuls* réside la SOUVERAINETÉ ;.... mais je dois ajouter en eux *tous*. En effet, à quel titre un *associé* seroit-il frustré de sa voix dans *l'association ?*... Mais à quel titre aussi viendroit donner la sienne celui qui n'auroit pas fourni sa mise ? Or, si le fonds social est composé de personnes et de propriétés, doit-on considérer comme l'ayant fourni, celui qui n'aura mis que l'un ou l'autre ; et peut-il être admis à statuer sur tous les deux ? Ainsi, le non-propriétaire, bien loin de pouvoir être considéré comme membre du Souverain, n'est, dans toute la rigueur du mot, qu'un simple *locataire*. N'est-il pas vrai que le territoire national n'est

composé que de l'assemblage des propriétés
particulières ? Hé bien ! mettons que par un
accord unanime tous les *propriétaires* mis-
sent à la fois, chacun dehors de sa propriété,
les *locataires* qui s'y trouveroient, et
qu'aucun autre ne les reçût, il faudroit bien
à toute force qu'ils allassent *louer* chez
l'étranger, ou en autres termes, qu'ils vidas-
sent le territoire : or, regardera-t-on comme
membres du Souverain des gens que l'on
peut ainsi mettre à la porte (1)? et si à tout
cela l'on ajoute que l'individu a bien le droit
d'aliéner à une domination étrangère sa
personne, mais qu'il n'a pas celui de lui
aliéner sa *propriété*, ne s'ensuivra-t-il pas
évidemment que c'est à la propriété et non
à la personne qu'est attachée la souveraineté (1)?... Et pour avoir en un seul cadre
l'apperçu général des rapports que nous

---

(1) J'ai appris qu'un Ecrivain avoit avant moi produit
le même raisonnement : Je l'ignorois ; mais je ne me
crois pas obligé de me dépouiller de ma pensée, parce
qu'un autre l'a eue.

(2) Le régime féodal nous offre une image de ceci :
le Baron ne l'étoit que par sa baronnie ; en elle résidoit
ses prérogatives et ses droits, et il ne pouvoit l'aliéner
sans les perdre : il en est de même de la souveraineté,
elle est attachée à la glèbe, et non à la personne.

venons d'établir, réduisons à des unités leurs différens termes, et supposons que toutes les propriétés territoriales n'en font qu'une, que les propriétaires n'en font qu'un, et de même des non-propriétaires. On verra d'abord que le propriétaire, en cette qualité, peut ordonner, user et disposer de sa propriété comme il l'entend ; 2.° que lui seul il le peut, parce qu'elle appartient à lui seul ; 3.° que logeant le non-propriétaire, il peut tout aussi bien le déloger ; 4.° que celui-ci n'a d'autres *droits* chez l'autre que ceux qui lui sont *concédés* (1) ; 5.° enfin, que chacun

____

(1) Ici se présente la distinction de la propriété en foncière et mobiliaire. Par ce qui précède, on voit que le droit et les conditions du citoyen n'existent primitivement et rigoureusement que dans le propriétaire-foncier. Mais celui-ci peut très-bien étendre ce droit à ceux qui, par leurs propriétés mobiliaires, ont finalement le même intérêt que lui dans l'Etat : ainsi le fabricant qui l'habille, le commerçant qui l'approvisionne, et généralement tous ceux qui, par un fonds de quelque conséquence, fournissent aux lois la double caution de leur personne et de leur propriété, et qui sont attachés à la société par ce double lien ; ceux-là peuvent très-bien être appelés à partager les droits du citoyen : il en résulte même un avantage très-réel pour la garantie sociale ; c'est que le nombre des intéressés à la conservation de l'ordre s'en accroît, et que si la liberté poli-

étant maître chez soi , et le territoire entier
étant le chez soi du propriétaire, nul que lui
n'a rien à y voir ; et que ceux qui s'y trouvent
doivent passer par les conditions qu'il im-
pose , sauf à eux de se retirer si elles ne lui
plaisent pas. Non-seulement donc les seuls
citoyens ont *droit* de régir la cité , mais eux
seuls encore ont *intérêt* de la bien régir.
Regardez une hôtellerie , c'est la main du
locataire qui la dégrade, c'est celle du *maître*
qui la répare et l'entretient ; de même d'une
Nation , tant qu'elle se gouverne ou par soi-
même ou par ses *avoués*, si elle n'est pas bien
gouvernée , au moins tend-elle à l'être : malheur à elle si elle tombe en d'autres mains !

Si dans l'Etat il n'y avoit que des *citoyens*,
comme l'intérêt de tous (quant à la conservation) seroit le même , que celui des gou-
vernans ne feroit qu'un avec celui des

---

tique y perd quelque chose, la liberté civile s'en accroît
d'autant * : il me semble même qu'en bonne législation , le non-propriétaire qui , par des ouvrages utiles,
des talens éminens , des actions éclatantes et de grandes
vertus , auroit donné des arrhes de son attachement à
la société , pourroit et devroit même y être admis.

* Plus il y a de citoyens dans l'Etat , plus la volonté individuelle est foible , mais aussi plus la volonté générale est forte;
ainsi, la liberté civile est en raison croissante , et la liberté
politique en raison inverse du nombre.

gouvernés, et que ceux-ci n'obéiroient qu'à la loi de leur volonté, il n'y auroit jamais ni oppression ni spoliation : mais il en est tout autrement, et comme il s'introduit dans le corps social des élémens hétérogènes, des parties tout-à-fait étrangères à l'association, il sera nécessaire de distinguer deux classes d'hommes dans l'Etat ; celle des citoyens, c'est-à-dire, de ceux qui ayant quelque chose y sont quelque chose, et celle des simples habitans qui n'y sont rien, parce qu'ils n'ont rien. — Autant diffèrent ces deux classes par leur nature, autant elles diffèrent par leur esprit : l'une *ayant*, doit tendre à conserver et veut *l'ordre* qui conserve : l'autre *n'ayant rien*, doit tendre à renverser et veut le désordre qui déplace : delà cette éternelle conspiration de celui qui n'a pas contre celui qui a, rébellion sourde de l'état de nature contre l'état de société, qui éclatant, tantôt contre ses membres, et tantôt contre le corps entier, tantôt dans l'ombre de la nuit, dans les retraites des forêts et dans les coupe-gorges, tantôt à découvert et au grand jour, a pour objet constant l'application de cette grande maxime de droit naturel : *Ote-toi que je m'y mette.*

Cette guerre cependant n'est dans le cours

ordinaire

ordinaire des choses, qu'un simple duel d'homme à homme, et trouble l'ordre social sans le renverser. Le non-propriétaire n'ayant ni n'exerçant aucun droit politique, ne peut rien sur le gouvernement, et il se borne à obéir aux loix *qui lui sont imposées*, sauf à les violer quand il peut, et à être pendu quand on l'y prend.... Mais lorsque par l'effet d'une révolution, il vient lui-même à imposer des loix, lorsque les droits du citoyen sont envahis par les ennemis naturels de la cité, il en est d'elle alors comme d'une place prise d'assaut et livrée au pillage : le vainqueur fait main-basse, s'approprie tout, et changeant de condition avec le vaincu, il use à son égard de ce droit primitif de conquête dont celui-ci usa lui-même envers les premiers occupans, lorsque se rendant maître du pays, il s'établit à leur place.

Cette incompréhensible subversion qui a donné naissance et fin à la monarchie Française ; eut lieu pour la première fois en 407, lorsque les Francs, fondant des forêts de la Germanie sur les Gaules, se substituèrent aux Gaulois ; et pour la seconde en 1792, lorsque le peuple SANS-CULOTTE s'est substitué au peuple Français.

Cette dernière révolution, l'unique, je

crois, de ce genre, s'est opérée on sait comment... Le corps législatif, en guerre avec
le chef du pouvoir exécutif, ne pouvoit en
venir à bout sans s'appuyer d'un grand parti :
mais ce parti, ce n'étoit pas dans les propriétaires qu'il devoit le trouver ; toujours
amis de l'ordre qui existe, et quel qu'il soit
pourvu qu'il existe, la nouveauté est sans
charmes pour eux.

Il falloit donc leur opposer cette classe,
qui n'ayant rien, n'a qu'à gagner ; pour laquelle tout changement est un mieux être ;
et dont la condition est si mauvaise, que
l'ordre pour elle est désordre. De tels gens
sont toujours prêts : un coup de sifflet les
rassemble ; osant tout, parce qu'ils ne ris-
quent rien, leur montrer le butin, c'est les
mener à la victoire. Vous voyez les propriétaires, leur dit-on ; eh bien ! voilà vos
ennemis. Savez-vous pourquoi vous n'avez
rien ? c'est justement parce qu'ils ont tout :
savez-vous pourquoi vous manquez du nécessaire ? c'est parce qu'ils ont cent fois leur
superflu (1) . . . Est-ce ainsi que l'entend
la nature ?... non. Elle n'a pas plus fait des

____

(1) C'est au gouvernement, et non aux propriétaires qu'il faut s'en prendre, lorsqu'un homme *qui
travaille* vient à manquer.— *Il faut que tout le monde
vive :* c'est la première loi, et aucune convention

RICHES que de nobles [1] ; elle n'a fait que
des ÉGAUX [2].

sociale ne peut abroger ou restreindre cette loi suprême
de la conservation ; l'homme trouvoit sa subsistance
dans l'état de nature, il faut qu'il la retrouve dans
celui de société ; et celle-ci n'a pu substituer la *propriété* à la *communauté*, sans garantir la subsistance
à tous ceux qui la trouvoient dans ce dernier ordre de
choses : en user autrement à leur égard, leur voler un
droit naturel, sans leur en rendre l'équivalent en droit
social, seroit un véritable brigandage.

[1] D'abord on ne parloit que des *nobles* : il eût
été dangereux, dans le commencement d'une révolution,
de lui faire trop d'ennemis à la fois ; lorsqu'ils furent
détruits, on parla des *riches*. Cette marche étoit bien
habile : les nobles étoient les *premiers*, les riches
n'étoient que les *seconds* ; mais une fois de côté, ceux-
ci prenoient leur place ; ils étoient donc intéressés à
les pousser dehors, et l'on sait combien les autres y
ont concouru. C'est ainsi que tous les degrés de la
hiérarchie sociale se sont successivement renversés les
uns sur les autres, chacun devenant le premier à son
tour, et chacun par là même devenant à son tour le
dernier. Ainsi : d'abord le noble, ensuite le riche,
ensuite le moins riche, puis le petit propriétaire, puis
le non-propriétaire ; celui-ci occupa long-temps l'apo-
gée, cependant il redescend lui-même : qui donc le
remplacera ?

[2] Les hommes sont égaux : entendons-nous. Est-ce
physiquement ? Un géant vous prouvera qu'il n'est pas
l'égal d'un nain : est-ce moralement ? Socrate vous
niera qu'il soit l'égal du père Duchêne : est-ce intel-
lectuellement ? Locke ne se croira jamais l'égal de Noël
Pointe : est-ce dans la nature ? Si la chose étoit telle,
il n'eût jamais fallu en sortir : est-ce enfin dans la
société ?... Oui, mais, ici encore, entendons-nous.
Sans contredit, dans une société, tous ceux qui ont
fourni la même mise, ont même droit à sa reprise et à
ses bénéfices, et sous ce rapport, tous ceux qui la
composent sont égaux *entre eux*. Rien de plus clair :

DÉMAGOGUES de tous les siècles ! reconnoissez-vous là votre langage ? Ainsi parloit Caïus, ainsi parloit Marat : mais ce dernier, aussi mauvais esprit que mauvais cœur, ne vouloit que des voies de fait, provoquoit nettement au pillage, et malheureusement à ce systême d'attaque ouverte, qui tout au moins en eût produit un de défense (1), en fut substitué un autre incomparablement mieux combiné. Les *meneurs* sentoient bien qu'il n'étoit pas nécessaire et qu'il pourroit être dangereux d'en venir aux mains : introduire comme *acteurs* dans la société ces non-propriétaires qui jusques-là n'y avoient figuré que comme simples *spec-*

mais celui-là aussi sera-t-il leur égal, qui, sans avoir fourni la même mise, voudroit co-partager leurs droits ? et ne seroit-ce pas un véritable privilège que la faculté de retirer d'où l'on n'auroit rien mis ? Si donc, comme je l'ai déja dit, la mise sociale se compose de personnes et de propriétés, regardera-t-on comme l'égal en droits de ceux qui auront fourni leurs personnes et leurs propriétés, celui qui n'auroit à fournir que sa personne ? non. Ce dernier n'a rien à voir ici : c'est l'homme de l'état de nature sous la protection de l'état de société, rien de plus, rien autre chose ; c'est l'étranger garanti par les loix, mais soumis aux loix du pays dans lequel il voyage.

(1) Les événemens des 1, 2, 3 et 4 prairial en sont la preuve : le propriétaire poussé à bout, à la veille de se voir assassiné et dépouillé, a eu enfin le courage de se *défendre*, puis celui d'attaquer, et il a vaincu.

tateurs, c'étoit avoir vaincu sans combattre.
Il suffira donc de leur accorder le droit
d'élection et d'éligibilité, et en général le
droit de voter dans les affaires publiques ,
pour les en rendre à l'instant même les ar-
bitres : car, admettre dans une assemblée ces
intrus, c'est ou en neutraliser ou en exclure
les membres légitimes. Les derniers, fussent-
ils cent contre un, qu'une telle unité l'em-
porteroit encore (1) : le propriétaire n'aime
pas le vacarme, encore moins les poignards :
une amorce le feroit trembler , au moindre
bruit il se retire. Ainsi donc, donner droit
de séance aux Sans-culottes dans les assemblées, ce sera réellement les en rendre les
maîtres : comme la majorité qui fait la loi
s'estime, non sur le suffrage intérieur, mais
sur les voix, et que tous, hormi eux, se tai-
ront, ils seront tout, les autres rien , et
feront tout *légalement*, parce qu'ils feront
réellement la loi. Une fois maîtres là , ils le
seront par-tout, dans les administrations ,
dans les tribunaux de justice, dans la Con-

____

(1) Ces mêmes événemens en sont encore la preuve.
4 Sections en ont tenu 44 en échec pendant trois jours;
de même que pendant cinq ans, quelques centaines de
bandits avoient tenu le couteau sur la gorge à vingt-
cinq millions d'hommes.

vention même. Ainsi vingt d'entr'eux par Section, cinq ou six dans la Convention, quelques milliers dans la République, cela suffit pour enchaîner les Sections, la Convention, la République.

Pouvant tout et n'ayant rien, que n'oseront-ils pas?

Alors le propriétaire ne sera vraiment plus que son propre fermier : tu as tandis que je n'ai pas, lui diront-ils, mais je puis tout, et tu ne peux plus rien : ainsi tu disposeras de ta propriété, non selon toi, mais selon nous; et voilà comme s'établiront les réquisitions, etc. Ils diront au marchand : Ta marchandise t'a coûté six francs, je te la paierai six sous : si tu hausses son prix, je t'en haîne; si tu la caches, je te tue : voilà le principe des loix du *maximum* et sur les accaparemens, etc. etc.

Tels doivent avoir été les premiers linéamens de ce système agrairien (1) qui fut reproduit dans le dix-huitième siècle, et exécuté sur le plus grand Empire de l'Europe,

---

(1) Ce système agrairien fut d'abord fondé sur le revenu : emprunt forcé, réquisitions, préemption, etc. Il devoit tomber ensuite sur le fonds même, comme ne pouvoit être approuvé le massacre des grands propriétaires, et la confiscation qui en a été la suite.

(39)

avec cette particularité remarquable , que
les lumières de ce siècle et l'étendue de
cet Empire, loin de contrarier, ont plus que
tout le reste favorisé l'établissement de ce
plan gigantesque (1) (2). L'audace l'avoit
enfanté, le crime devoit l'accomplir. Robes-

---

(1) Les lumières ont produit ce principe : Que les
hommes sont nés pour être libres , et ce principe qui
est une *vérité* pour cent personnes qui la conçoivent ,
est devenu *erreur* pour vingt-cinq millions d'hommes
qui l'ont admis et appliqué sans l'avoir conçu. De même
de l'égalité : Le philosophe ne pensoit qu'à l'égalité de
droits, l'anarchie n'a songé qu'à l'égalité de fait : j'ai
moins , tu as plus , égalisons. Voilà sa logique , et
quelle autre pourroit-il avoir ? . . . . En général , une
déclaration de droits ne devroit jamais sortir du Comité
de législation , c'est là sa place ; elle guide l'homme
éclairé , elle égare l'homme ignorant.

(2) Un grand Empire , quoiqu'on ne le pense pas
en général , est bien plus facile à opprimer qu'un petit.
Une insurrection simultanée sur trente mille lieues
carrées est un être de raison , tandis que dans l'État
où la voix d'un homme retentiroit d'un bout à l'autre
du territoire , rien ne sera plus aisé à l'opprimé que
de crier vengeance.... D'ailleurs, dans les grands États,
les intérêts sont si divers, que l'oppression, et dès-lors
l'insurrection , ne sauroient être générales ; dans un
très-petit État , au contraire, les deux choses peuvent
très-bien arriver, outre que là tout le monde se connoît.

pierre [1] et les Jacobins [2], tels furent le
général et les soldats ! Cependant l'on s'ap-
perçut bientôt qu'un tel système ne pouvoit
s'effectuer partiellement : détruire la propriété sans le propriétaire, c'étoit laisser subsister un ennemi qui seroit tout aussi terrible
pour eux n'ayant plus rien, qu'eux-mêmes
avant d'*avoir* l'avoient été pour lui : en se
mettant à sa place, ils l'avoient précisément
mis à la leur, et par grâce d'état, il devoit
acquérir ce besoin de remuer, cet esprit de
conquête et cette audace qu'il ne pouvoit
avoir lorsqu'il n'avoit que des richesses.
Le désarmement des riches sous le nom de
suspects, et l'arrêt de mort sur eux tous,
seront donc prononcés, leurs dépouilles

---

[1] Robespierre ou ses souffleurs, je ne sais lequel,
mais n'importe.

[2] Un corps politique, d'une part, *sans autorité
constitutionnelle* ; de l'autre, composé presqu'exclusive-
ment de gens sans propriétés, quel instrument de destruction ! *Sans autorité*, il devoit nécessairement tendre
à en acquérir, et ce ne pouvoit être qu'en empiétant sur
celle du gouvernement ; *sans propriétés*, ils devoient
nécessairement chercher à en acquérir, et ce ne pouvoit
être qu'en se substituant aux propriétaires : cette ins-
titution de sociétés populaires étoit vraiment digne du
génie de Satan.

deviendront la propriété nationale , et comme il ne restera que nous de la nation , elles seront notre PARTAGE : tel est le dernier terme de la progression , PARTAGE : l'on avoit commencé par dire : *Ote-toi;* et l'on finit par dire : *Que je m'y mette.....*

Telles étoient les sinistres méditations qui m'occupèrent dans mon trajet de Lyon à Paris : arrivé en cette ville , je trouvai la plupart de mes conjectures réalisées; au peuple Français avoient succédé les Jacobins, à la Convention le *comité*, à la Patrie Robespierre !... Les hommes et les choses plongés dans un morne silence , déceloient l'oppression générale. — Comme le nautonier qui commence par examiner la boussole lorsqu'il veut *prendre la hauteur* , mes premiers regards s'étoient tournés vers le Sénat. Il étoit muet et dépeuplé : tout ce que la foudre n'avoit pas consumé, *la tête de Méduse* l'avoit changé en pierres. Cette auguste mission , ces saints engagemens pris à la face de l'univers, de faire, au péril de la vie , le bonheur d'un grand peuple , tout étoit oublié! Quand la tourmente, après avoir brisé tous les agrès, a rendu la manœuvre impossible et le naufrage inévitable , ce n'est plus du salut du vaisseau, c'est du

sion propre que s'occupe l'équipage ; le matelot jette sa rame , il s'élance à la mer , et
cherche comme il peut à gagner le rivage...
La France n'avoit plus qu'un représentant,
le Sénat qu'une volonté : toutes les fonctions du corps législatif se réduisoient à
se lever ou à s'asseoir... Un *Rapporteur,*
du haut de la tribune, proclamoit les vic-
toires en style de corps-de-garde, annonçoit des complots , signaloit les conjurés ,
choisissoit ses victimes jusqu'au sein de
la représentation , et les arrachoit sans
qu'une voix osât les réclamer, sans que la
leur osât se faire entendre; il parloit d'*épurer*
la population , de faciliter la *transpiration*
du corps social, de supprimer le *chancre*
politique... Je me couvris la tête de mon
manteau et je m'enfuis.

J'aurois voulu de la dissipation : par-tout
même silence, même solitude : les prome-
nades n'étoient plus fréquentées que par
des spectres couverts de lambeaux: les chefs-
d'œuvre avoient disparu des places publiques, des monumens de plâtre et de papier,
symbole de la fragilité, les remplaçoient. La
même proscription avoit frappé les théâtres :
Polieucte et Cinna étoient bannis: Molé ,
Larive , prisonniers : les grands auteurs

avoient suivi les grands acteurs dans leur exil... Qu'étois-tu devenue, cité célèbre ?—Ta population étoit dans les cachots, tes grands hommes dans la poussière, tes arts et tes trésors chez l'étranger ; les débris d'un peuple affamé traînoient leur misérable vie dans le jeûne et les larmes. Des hommes dégoûtans par leur costume, plus dégoûtans par leur langage (1), couroient les rues, épiant les physionomies, découvrant des *conspirations* jusque dans la coupe d'un habit, la forme d'un chapeau, la position d'une cocarde ; et des *conspirateurs* jusque dans un gagne-petit, un porte-faix, un porteur d'eau ; car on ne cherchoit pas des coupables, mais des victimes. Une guerre implacable avoit

______

(1) Dégrader les mœurs par la dégradation du costume et du langage, fut une profonde conception de ceux qui vouloient niveler l'espèce humaine sur le plus bas de ses degrés. L'idée de *sans-culotisme,* non moins vile que son expression, et formée de l'égoût de toutes les idées abjectes, exprime le dénuement physique provenant du dénuement moral. — Le sans-culotte est le pauvre d'AME, que Platon définit une *bête féroce et puante.* A une très-petite exception près, le pauvre qui travaille cesse bientôt de l'être, et celui-là mérite plus que de la compassion : mais le pauvre de profession est le plus dégradé des êtres.

été déclarée à l'homme, et partagé entre la honte et le danger de l'être, chacun marchoit dans la frayeur. Les bouches n'osoient plus s'ouvrir, les yeux n'osoient plus voir, les oreilles n'osoient plus entendre : le temps étoit venu de craindre des témoins à un soupir, à une larme, à une bonne action, à tout ce qui décèle l'homme ; et comme dans ce renversement total, le crime avoit emprunté le nom de la vertu, on vit par un échange inoui jusqu'alors, la vertu emprunter le langage et le masque du vice. Alors on ne crut plus à rien, car chacun douta de lui-même : sous les débris de la nature resta ensevelie l'humanité ; les époux ne surent plus distinguer le regard conjugal de celui de l'espion, plus d'un père frémit à la vue de son fils ; l'homme n'eut plus d'espèce, et le malheur d'exister devint si grand, que beaucoup se tuèrent : c'est ainsi que dans ces mortalités dévorantes qui moissonnent l'humanité, on s'évite, on se fuit, chacun craint de recevoir ou de communiquer la contagion ; la TERREUR accroît le fléau, le jeune enfant tend les bras vers son père, l'épouse appelle son époux, mais en vain ; et sans secours, sans consolations, des milliers de mourans sont abandonnés à eux-mêmes, jusqu'à ce

que le fossoyeur attiré par l'odeur de la proie
vienne les réunir à d'autres milliers de cadavres. On ne parloit que de la mort; elle
planoit sur toutes les têtes, elle étoit sur
tous les visages... hormis ceux des malheureux qu'elle atteignoit. Aussi fermes à
la recevoir que pusillanimes à l'attendre,
on vit ces mêmes hommes qui dès long-
temps avoient cessé de vivre en craignant
de mourir, aller au supplice en héros : on
vit de foibles enfans, de timides vierges
mourir comme Socrate : l'histoire n'oubliera
pas cet intrépide Dillon qui, tendant le cou
aux bourreaux, chantoit encore : *Plutôt la
mort que l'esclavage* ...... Il sembloit que
le stoïcisme, la grandeur d'ame et toutes
les vertus se fussent réfugiés à l'échaffaud.

Cependant le mal alloit chaque jour en
croissant, et chaque jour on auroit cru qu'il
ne pouvoit plus croître. Enfin, après avoir
tout devoré le crime se dévora lui-même :
la division perdit ceux dont l'union avoit
tout perdu ; ils vinrent eux-mêmes s'entre-
livrer, et presque sans secousse, sans catastrophe, on vit se dénouer au 9 Thermidor,
la grande tragédie dont le premier acte
avoit été donné le 31 Mai.

L'histoire s'étonnera sans doute doublement en voyant si facilement renversé un homme qui avoit en main une si grande puissance; et si facilement opprimés ces mêmes hommes qui l'ont si facilement ren-versé lui-même : il falloit donc qu'ils fussent bien petits les uns et les autres! ceux-ci seulement devoient l'être un peu plus... Pour tout finir un an plus tôt, il n'eût fallu qu'un homme dévoué . . . Pourquoi ne s'est-il pas trouvé ? — c'est que dans ce siècle poli, tout le monde sait vivre et que personne ne sait mourir.

Rien n'avoit annoncé l'explosion, elle s'étoit ourdie dans les entrailles de la terre ; la veille encore on se prosternoit devant l'idole, le lendemain on fouloit sa poussière. Toutes ces vastes combinaisons, ces plans machinés et suivis de longue main, une matinée les anéantit comme une matinée ressuscita cette Convention depuis si long-temps morte. C'est ainsi que dans un trem-blement de terre, on voit l'édifice qui coûta des années à bâtir, disparoître en quelques secondes; *les montagnes* se changent en abymes, des collines s'élèvent où furent des vallons, les rivières se creusent de nou-veaux lits ... Quel spectacle! les tombeaux se sont-ils ouverts ? sont-ce leurs habitans

qui se sont réveillés ! Tout le monde s'embrasse ! quelle ivresse ! ... Quels hommes
je vais retrouver ! quelles leçons ! quelles
épreuves ! avec quelle résignation ils vont
marcher sur les épines de la vie ! que de fic-
tions ils auront dépouillées ! ... mais comme
ils ont vîte oublié leurs maux ! le malheur les
aura-t-il purifiés, ou bien n'auroit-il fait que
les corrompre ? ... Quoi ! ... encore légers
sous le poids des chaînes ! encore vains sous
les hâillons ! Espèce incorrigible ! peuple
régénéré , je te cherche par-tout ! Où est ce
vieillard de treize siècles, devenu enfant de
six ans ! comme il se meut ! comme il s'agite!
quelle vie ! quel mouvement! ... Est-ce la
fermentation du printemps qui vivifie et
qui reproduit tous les êtres, ou celle de la
corruption qui naît dans les cadavres , et
les conduit à la dissolution ? ....

Au désordre qui accompagne les révolutions, s'unit la corruption qui les a précé-
dées ; — toutes les conditions subitement
changées, tous les freins brisés d'un seul
coup , toutes les passions éveillées à-la-fois
dans des cœurs dépravés, produisent un *nou-
vel être ;* c'est *l'homme social profondément
corrompu, rentré dans l'état de nature* .....
Dans le désordre universel , tout a changé de

place sans s'y attendre, et l'Expérience s'est perdue : enrichis ou appauvris, heureux ou malheureux d'un jour, personne ne sait encore l'être, se sont des vieillards en enfance. Le maître du palais a remplacé le portier dans sa loge, celui-ci repose mollement sur les coussins délicats de son maître ; mais Narcisse est toujours Narcisse, valet bas, parvenu insolent, il est, et ce qu'il *fut*, et ce qu'il est *devenu* ; il a pu cesser d'être esclave, mais jamais il ne sera qu'un *affranchi*... Imposantes révolutions, vous n'êtes que de tragiques Saturnales (1)! vous déplacez, vous ne changez pas ; vous tuez, vous ne réformez pas : malheur aux générations qui vous voient! Enfans du vice et mères du malheur, tout ce que vous n'avez pas détruit, vous l'avez dégradé ; et c'est ce dégoûtant tableau de la dégradation, bien plus encore que celui de la destruction, qui vous rend si hideuses (2). Je

______

(1) Les Saturnales n'étoient chez les anciens que de pures comédies : le maître prenoit le rôle de valet, celui-ci jouoit le rôle de son maître ; mais ce n'étoit que pour un temps, et chacun finissoit par reprendre sa place... D'ailleurs le pouvoir du valet n'alloit pas jusqu'à faire guillotiner son maître.

(2) Les vieux peuples sont comme les vieux tableaux,

pleure

pleure sur l'homme en poussière , je recule devant l'homme en lambeaux !....Non, les révolutions n'amendent pas , elles achèvent la ruine des mœurs : comment dans leurs mouvemens précipités, dans leurs brusques vicissitudes , la vertu pourroit - elle les suivre ?... Voyez ce malheureux qui hier tendoit la main ; il dévore cent francs par repas ! son ame n'a pu s'élever aussi vîte que sa fortune. — Voyez cet autre qui tout à l'heure nageoit dans l'opulence ; il pleure son palais plutôt que de songer à se bâtir une chaumière ; il n'a pu oublier ses grandeurs aussi rapidement qu'il en est descendu. — Et ces modernes Spartiates ! Comme ils poursuivent ce papier, comme ils s'essouf-flent , comme ils suent sang et eau pour le saisir et se l'entr'arracher ! Ne diroit-on pas des jeunes étourdis qui courent après un cerf-volant, le tirent, se l'arrachent, jus-qu'à ce qu'à force de tirer, la ficelle se casse, et que le vent , maître du volatil-papier , l'emporte, en le déchirant, dans les nues, et n'en rejette au nez des fous que les débris

---

il ne leur reste plus que le vernis ; malheur à eux si on y touche , car ils tombent en poussière.

D.

sans forme et sans valeur (1). Voyez ce fier
Républicain humblement prosterné devant

----

(1) Oui certes ! un souffle emportera ce papier
qu'un souffle législatif a fait éclore, et l'Etat fera ban-
queroute, après s'être ruiné pour l'éviter. — Comment
cela seroit-il autrement ? — Tout *papier* n'est par lui-
même que du papier, et toute sa valeur est d'*emprunt* :
c'est le *crédit* qui la lui prête, et le crédit se fonde,
moitié sur la *solvabilité*, moitié sur la *probité* du
payeur. L'un sans l'autre n'est rien : l'homme solvable
sans probité, et l'homme probe insolvable, auront
aussi peu de crédit l'un que l'autre ; mais celui qui n'a
ni l'un ni l'autre, en aura à coup sûr encore moins.

Une courte analyse des opérations et des résultats
fiscaux de trois législatures, seroit peut-être la réfu-
tation la plus décisive de la constitution démocratique *
en montrant l'indéfense, où reste la propriété sous un
gouvernement où le corps législatif (étant *un*) n'est lié
ni par ses volontés précédentes, ni par ses volontés
présentes. On verroit trois assemblées consécutives pro-
nonçant avec emphase le mot de loyauté, manquer avec
éclat, tantôt à leurs engagemens, tantôt à ceux pris
par leurs devanciers : la foi publique indignement
trahie sous l'impudent prétexte de bien public, l'hypothèque une première fois dissipée par la malversation,
ensuite renouvellée par le pillage, ne pas même suffire
à la liquidation ; et le débiteur, assassin pour ne pas
être banqueroutier, mais en dernier résultat, l'un et

* Quoique la France ait eu, je crois, trois constitutions en
cinq ans, le pouvoir législatif a été constitué démocratiquement
dans toutes trois.

l'idole d'aujourd'hui! croiriez-vous que c'est le même homme qui en 89 ne juroit que

---

l'autre finir par le bonnet vert, après avoir commencé par le bonnet rouge.

Si la Convention nationale pouvoit prêter une oreille aussi complaisante à la vérité qu'à la basse flatterie, on ne manqueroit pas de lui dire : *Que la considération de l'assignat ne peut pas plus se rétablir que celle de la Convention , parce que le crédit mort ne revit plus. Que l'instabilité étant le caractère spécifique de la démocratie , ses principes sont en opposition directe avec ceux du crédit. Que la dette excédant de beaucoup l'hypothèque, le Gouvernement ne peut ramener l'assignat au pair , sans devenir insolvable. Que l'hypothèque , dépréciée déja par les infidélités du corps législatif, et les surcharges dont il l'a grevé, l'est plus encore par les parties verreuses * qu'il lui a réunies. Que le manque de confiance en ces parties verreuses , suffira pour décréditer à jamais l'hypothèque entière , précisément de même qu'un membre infecté communique sa mauvaise odeur à tout le corps dont il fait partie. Que d'un autre côté , l'intérêt national étant de liquider promptement , et celui des agens employés à la liquidation, de liquider lentement , l'intérêt des liquidateurs se trouvera en opposition directe avec celui de la liquidation , tant que celle-ci sera entre les mains de la nation ; et de ces vérités bien établies, résulteraient ces conséquences :* 1.º Que la liquidation ne sera prompte et économique ;

* Les biens des condamnés , des femmes émigrées , etc.

D 2

par son Roi, et en 94 que par son Robespierre ? — Oui, c'est le même esclave. Comme

---

2.º Que le crédit des biens nationaux ne se rétablira que lorsque la Nation aliénera sa dette avec son hypothèque.

Or, 1.º quels seroient les liquidateurs les plus intéressés à liquider promptement ? 2.º Et ceux en même temps entre les mains desquels les biens nationaux reprendroient le plus de crédit ?

Etablissons une hypothèse : que l'on s'élève pour un instant au-dessus de l'habitude, et qu'on essaye du moins une fois d'être législateur, j'entends politique, juste et moral.

Si l'Etat disoit aux familles de ceux dont a confisqué les biens * : nous vous rendons ces biens, mais à la charge de liquider la dette ; cette dette, établie sur un terme moyen, sera répartie par départemens, et dans chaque département par famille ; chaque famille quotée à tant, deviendra débitrice au nom du Gouvernement, et actionnée par lui en cas de non-paiement.... N'est-il pas vrai que dans le cas où le Gouvernement ajouteroit : Nous ne reconnoissons plus d'*émigrés* : mais chaque émigré ne pourra rentrer en France que lorque la quotité imposée sur sa famille aura été acquittée ; n'est-il pas vrai que le secret auroit été

* Je ne parle pas des biens des condamnés, ceux-là doivent retourner francs à leurs propriétaires, et si l'État pouvoit leur proposer quelque chose, s'ils pouvoient accepter quelque chose de l'Etat, ce ne seroit à coup sûr que des indemnités... Mais on n'indemnise pas d'un père.

il jura et se parjura tour-à-tour! Comme il
adore ce qu'il blasphêma! Comme il blas-

---

trouvé d'intéresser le liquidateur à liquider promptement par ce cher intérêt de rappeller de la misère des
enfans, des pères, des époux crus pour jamais perdus ?
N'est-il pas vrai que les biens confisqués, mais remis
à des propriétaires, plus naturels enfin que la Nation ,
reprendroient leur valeur entière ? Que l'assignat basé
sur une hypothèque spéciale recouvreroit la sienne ?
Que l'État seroit débarrassé de l'odieuse et ruineuse
vente de biens, qui, pour une partie, sont injustement
acquis ?

Que suivroit-il delà ?

Que la révolution changeant tout-à-coup de face ,
perdroit comme magiquement cette âcreté qui depuis
six ans la deshonore : Que les haines et les démarca-
tions disparoîtroient : Que les craintes des acquéreurs
seroient dissipées : Que les émigrés deviendroient les
premiers intéressés à terminer la guerre , leurs familles
à récréditer le gouvernement : Que revenant un à un ,
et placés sous la double tutèle de leurs familles et du
gouvernement, leur rentrée seroit sans influence, et leur
présence sans danger : Que la justice ne seroit plus bar-
barement sacrifiée à une prétendue nécessité d'État, et que
des femmes, des vieillards, des enfans, que vos fureurs,
vos échaffauds, vos massacres, et pour tout dire enfin ,
les liens naturels ont poussé loin de leur patrie , ne ver-
roient plus le glaive suspendu sur leurs têtes , parce que
les dilapidations de l'un des vôtres ont rendu les confis-
cations et l'effusion du sang humain nécessaires, etc. etc.

D 3.

phême ce qu'il adora! Pour lui, le plus nouveau est toujours le meilleur; il n'a quitté des chaînes usées que pour en prendre de plus neuves!... Qu'a donc amélioré cette grande révolution?—le sort du vice et la condition du bourreau. Qu'aura-t-elle produit? de grands crimes et de petits scélérats. Comment finira-t-elle? — comme ses auteurs ont fiini; — où aura-t-elle mené? à deux onces de pain; et qu'en restera-t-il? des RUINES.

Il y auroit là de quoi faire un grand ouvrage, où la morale, l'intérêt, les principes et l'humanité défendant tour-à-tour la justice, ameneroient un résultat si vaste, si consolant, si pacificateur, que moi, qui ne suis qu'un homme, je verse des larmes en y songeant. Mais j'entends le Législateur rugir : les émigrés, les émigrés, ces traîtres, ces ennemis de la patrie!!! Bonnes gens, ne criez pas si fort, de peur qu'on ne vous entende, et pardonnez comme on vous pardonne. Croyez-moi, si vous n'aviez pas plus de reproches à vous faire que ces terribles émigrés, on vous pardonneroit encore plus aisément : car, je vous prie, lequel a fait plus de mal de leur départ ou de votre présence? Eux, on ne les accuse que d'être parti; vous, c'est d'être resté. Ce ne sont pas eux qui ont pendant deux ans opprimé ou laissé opprimer leur patrie, qui n'ont fait de la France qu'une ruine, et des Français qu'un peuple d'orphelins, de veuves et de banqueroutiers. — C'est vous ! c'est vous ! ce n'est que vous !

(55)

Quelques jours après le 10 Thermidor,
je rencontrai l'un de ces députés qui, ayant
été le plus directement menacé par la tyrannie, devoit avoir le plus contribué à sa
ruine. — Nous nous étions souvent entrete-
nus, pendant sa proscription, des malheurs
de l'Empire, et à ses propres maux, il avoit
soupçonné ceux de l'État : — eh bien !
s'écria-t-il, du plus loin qu'il me vit, et
s'avançant à moi d'un air triomphant, la
Patrie est sauvée !—Oui, la Convention. —
Comment ?...... la tyrannie n'est-elle pas
détruite ?—Oui, le tyran. — Expliquez-
vous ?— Je n'ai rien à expliquer..... Le
trône est en vacance, les héritiers sont
appellés. — Comment cela? — c'est bien
simple : le tyran étoit dans Robespierre, la
tyrannie dans le gouvernement; tuer l'un
sans l'autre, ce n'est que faire place au
successeur.... Je voyois combien ce laco-
nisme déplaisoit à mon représentant.—Vous
n'êtes donc pas content du 10 Thermidor,
me dit-il avec un peu d'humeur?—Personne
plus que moi n'y prend part. — Hé bien !
soyez donc d'accord avec vous-même; vous
le blâmez et toutefois vous l'approuvez? Sans
doute je l'approuve, parce qu'il vous a
brouillé avec vos bons amis les SANS-

CULOTTES [1]. — Et qu'en concluez-vous?—
Que brouillés avec eux, il faudra bien de toute
force vous raccommoder avec leurs ennemis
les propriétaires; car enfin, il vous faut un
parti; que pour vous les attacher, vous serez
obligé de prendre leur esprit; que l'esprit de
la propriété est l'amour de l'*ordre*; et que
conséquemment il vous faudra, bon gré malgré, le rétablir. — Nous le voulons sérieu-
sement; mais la difficulté, c'est de pouvoir.—
Comment! vous voilà donc, comme Satan,
impuissans pour le bien, tout-puissans pour
le mal; mais quoi! est-il si difficile de reve-
nir? regardez en arrière, comptez les pas
que vous avez faits, et dépouillant la double

---

(1) La révolution du 10 Thermidor a dépouillé le
peuple sans-culotte de tous ses privilèges, comme la
révolution de 89 avoit dépouillé des leurs les classes
privilégiées. Les sans-culottes composoient la noblesse
républicaine, les Jacobins formoient le souverain. —
Robespierre ne dépouilloit le riche, que pour enrichir
le pauvre : si, la loi du maximum à la main, il vidoit les
greniers du fermier, c'étoit pour les verser dans ceux du
non-propriétaire; et si quelquefois le glaive révolution-
naire a atteint le sans-culotte, ce fut tantôt pour l'exemple, tantôt pour le *decorum*... Tandis que la terreur
tenoit le propriétaire enfoui dans les souterreins, le
sans-culotte alloit gaîment danser devant la guillotine.

honte de défaire ce que vous avez fait, et
de refaire ce que vous avez défait, reculez
sur vous-mêmes, et réparez seulement avec
autant de zèle que vous avez détruit . . . .
Si donc pour bouleverser la société vous
fîtes passer le droit de la régir à ceux qui
n'avoient d'intérêt qu'à la renverser ; ce ne
sera qu'en leur ôtant ce droit, et le restituant
à ceux auxquels il appartient que vous pour-
rez la reconstruire. . . . Si pour maintenir vos
Sans-culottes dans leur domination sur les
propriétaires, vous avez désarmé ceux-ci,
il convient maintenant que vous voulez les
remettre à leur place, de désarmer ceux-là;
mais ce qui fut tyrannie contre les uns, ne
sera que stricte justice envers les autres.
Le droit de voter, d'élire et d'être élu, n'appartient qu'aux seuls citoyens; à eux seuls
de même appartient le droit de défendre la
cité. Ainsi l'exclusion et le désarmement
des non-propriétaires, motivé par la politique (1), seront sanctionnés par le droit.

Ces premières opérations terminées, vous
jetterez un regard sur vous-mêmes et répé-
tant ce mot si souvent, mais si infructueu-

____

(1) Des armes entre les mains de ceux qui n'ont rien
à défendre, ne peuvent être qu'offensives.

sement répété : Nous VOULONS ÊTRE LIBRES,
Vous vous direz : Si lorsque le pouvoir est
tout entier dans les mêmes mains , il est
despotique , parce qu'il n'est limité par
rien , *un seul corps* est tout aussi despote
qu'un seul homme , ect. etc.

Si le gouvernement de ce *seul* homme est
arbitraire , parce que ne pouvant constâm-
ment être d'accord avec lui-même , la loi
change aussi souvent que sa volonté , vous
en concluerez que le gouvernement d'un
corps qui a sept cents ames , est sept cent
fois plus arbitraire , etc. etc. (1)

Si , lorsqu'un seul homme a tout pouvoir
en main , son gouvernement est *absolu ,*
parce qu'il n'y a qu'une volonté effective

----

(1) Chacune des 700 volontés qui coopèrent à la
formation de la volonté nationale , peut devenir
dominante à son tour ; et comme le mal ou le bien qui
se fait, appartient au corps entier et non à l'individu, il
s'ensuit qu'il n'y a ni amour-propre , ni remords dans
une assemblée où chacun n'est sensé prendre que la
sept centième partie de la louange ou du blâme. —
La volonté individuelle, au contraire , quelle qu'in-
définie qu'on la suppose , est toujours limitée de *fait*
par un certain respect que l'homme se porte à soi-même
et à ses décisions ; par la prétention que chacun a de
se montrer conséquent , et mille autres moralités
tout à fait étrangères à un corps.

dans l'Etat; et qu'aucune autre ne la borne; vous conclurez de même que le Gouvernement d'un seul corps est absolu, etc. etc.

Si d'ailleurs, vous avez remarqué que lorsque le pouvoir d'exécuter est uni à celui de vouloir, souvent l'exécution précède la délibération; vous n'en sentirez que d'autant mieux la nécessité de distinguer le pouvoir délibérant du pouvoir exécutif, et de définir à chacun ses fonctions.

Mais si vous voulez que cette distinction soit réelle vous ne vous arrêterez pas là : le pouvoir qui fait la loi est réellement le seul pouvoir dans l'Etat; car celui d'obéir n'en est nullement un : le pouvoir exécutif est donc à la merci du pouvoir législatif ; celui-ci peut à volonté le dissoudre, le restreindre, l'étendre et même l'exercer, une loi suffit pour cela : le pouvoir législatif d'ailleurs qui le limitera lui-même? Etant réellement tout le pouvoir, il peut également en abuser et en user, puisque ses volontés, bonnes ou mauvaises, sont également loi. Or, la liberté d'un peuple s'accommode-t-elle de cela ? — Non, elle exige d'autres garanties que la moralité, les sermens et le choix de ses mandataires? Que ferez-vous? — Ne pouvant donner à la volonté légis-

lative des bornes hors d'elle! vous les poserez en elle-même ; vous mettrez à sa dis-
position toute la puissance ; mais au lieu
d'une volonté pour l'employer, il faudra
le concours de deux, qui, prises à part,
ne seront que des *intentions*, et dont la
Ré-union produira seule une volonté effective. N'est-il pas clair alors que la mauvaise
intention de l'une pourra toujours être
arrêtée ou corrigée par la bonne intention
de l'autre ? Que deux se tromperont moins
souvent, moins facilement qu'une ? Que
chacune étant liée par l'autre, les loix
auront plus de stabilité ? Que chacune étant
corrigée par l'autre, elles auront plus de
maturité ? Que l'une ne pouvant rien sans
l'autre, un dominateur, s'il s'en élève, ne
sera jamais qu'un *meneur*, et non un *maître*,
et que son empire ne s'étendra pas au-delà
de sa *chambre* ? Qu'aucune en particulier,
n'agissant immédiatement sur l'Etat, les
factions qui s'éleveroient dans l'une ou
l'autre, ne franchiroient pas leur berceau ?
Enfin, que leur union étant le principe
nécessaire de leur activité, elles ne seront
jamais que momentanément désunies ; et
que leur existence individuelle étant insé-
parablement liée à celle de la constitu-

tion, elles ne s'accorderont jamais pour l'altérer ou la détruire, et s'accorderont toujours pour la défendre, etc. etc.

Vous poserez donc ces principes : la puissance sera *une*, et l'autorité qui l'emploiera *divisée* ; la volonté efficiente ne sera qu'une, mais sa formation résultera de l'accord de *deux* volontés : ainsi, d'abord la législature divisée ; — ensuite, *l'action* qui exécute, sera précisément distinguée de la *volonté* qui commande : ainsi, la partie législative de la puissance distincte de la partie exécutive, et pour consolider cette indispensable ségrégation, celle-ci [la partie exécutive] aura la finale des loix, j'entends les droits de négation et de sanction. — En deux mots, l'exécution ne peut être trop prompte, comme la délibération ne peut être trop lente ; unité dans l'exécution, division dans la délibération : pouvoir exécutif *un*, pouvoir législatif *divisé* ; tel est l'ordre naturel que vous appliquerez à l'ordre social (1).

Vous sentez tout cela, n'est-il pas vrai? Vous sentez qu'un petit peuple, aussi bien qu'un

____

(1) J'ai exposé ces principes dans un petit ouvrage sur la Constitution de 93.

grand peuple, a besoin de gouvernement, et que votre Nation conventionnelle de sept cents ames ne peut, pas plus qu'une de vingt millions, se passer d'une *distribution de pouvoirs*. Eh bien donc ! divisez-vous de gré à gré, si vous voulez éviter de l'être malgré vous par les factions : ne faites plus de la discorde le balancier de votre Gouvernement, de l'oppression votre puissance, de l'échaffaud votre instrument, de la mort votre raison dernière !... Car où tout cela mène-t-il ? — Tout au plus à faire oublier Busiris et Néron.... Voyez, aujourd'hui que tous les obstacles *extérieurs* sont levés, et que vous avez exterminé tout ce qui [disiez-vous] entravoit votre marche, voyez si vous allez plus droit, plus sagement ou plus vîte ? Vous avez détruit Robespierre, mais avez-vous détruit la *terreur* ? Vous avez proclamé ses crimes, mais les avez-vous réparés ? Il enchaîna les hommes, mais n'enchaînez-vous pas la pensée ? Il dépouilla des milliers d'innocens, mais ne retenez-vous pas leurs dépouilles ? Vous avez déclaré la liberté, mais l'avez-vous rendue ?... Cessez donc de chercher loin de vous ce qui n'existe qu'en vous-mêmes, c'est là qu'est l'ennemi. — Car, dites-moi, si les

rois sont si haïssables , que sont donc ceux
qui les font desirer ? Mais savez-vous ceux
qui provoquent à la royauté ? — ce sont ceux-
là qui font un tyran de la loi , et qui sont
plus despotes que les despotes. Ce qui avilit
l'assignat ? — L'avilissement de la Convention. Ce qui avilit la Convention ? — Regardez là ! .... Et d'où vient tout cela ? Des
hommes ! — Non ! les fautes des hommes
sont toujours celles des institutions (1) , et à

---

(1) Les institutions politiques sont les *routes de la
société* : si elles sont droites , on marchera droit ; tor-
tueuses , on s'égarera ; bourbeuses , le plus habile
s'embourbera. — De toutes les institutions , celle qui
doit corrompre le plus et le plus vite , est celle-là , ce
me semble , où la puissance étant exercée par des
hommes qui n'en ont pas l'habitude , produit sur eux
le même effet qu'un verre de vin sur un enfant ; mais
ils ne se contentent pas d'un verre : car comme il est
dans la nature humaine de se livrer sans aucune mesure
à une volupté que l'on connoît pour la première fois ,
il est dans la force des choses , que l'homme *de rien*
devenant tout-à-coup *quelque chose* , fasse un usage
immodéré de la puissance , quand elle vient à lui tomber
entre les mains , comme d'ailleurs cette puissance n'est
que passagère pour lui , il faut bien qu'il en use pour
toute sa vie , et au lieu de la ménager , il la dépensera
avec la prodigalité de celui qui n'ayant à vivre *qu'un
jour* , voudroit pouvoir consommer en ce seul jour

coup sûr si elles avoient été moins mauvaises , vous auriez été moins méchans.

---

toutes les jouissances de la vie.... Certainement la grande
majorité de la Convention y entra pure , et en sortira
impure ; la cause, je l'ai dite : d'une part, l'inhabitude
du pouvoir ; de l'autre , son peu de séjour dans les
mêmes mains. Mais il est d'autres causes encore, également tirées de la nature du gouvernement démocratique , et la première , c'est les factions. — Voila une
réunion de sept cents hommes , il n'en faudroit pas
tant pour s'opposer à leur union : beaucoup d'entre
eux sont corrompus , c'est plus qu'il n'en faut pour les
tenir à jamais divisés.

Mais je suppose , moi , non pas sept cents hommes ,
mais sept , et non des hommes corrompus , mais des
Sages , entre les mains desquels on aura remis la puissance ; je vais les suivre quelques pas... Le premier jour ,
ils éliront leur Président ; il n'y a pas là matière à grande
contestation : cependant, quoique Sages , ils pourront
bien vouloir tous l'être ; quoique Sages , chacun sera
dans le fond mécontent, où que les suffrages des autres
n'aient pas tombé sur lui, ou que le sien n'ait pas déterminé celui des autres ; car enfin , s'ils sont Sages ,
ils sont hommes aussi.... Cependant , jusqu'ici rien
n'éclate.... Mais la DISCUSSION, mère de la discorde, va
s'ouvrir. Tous veulent le bien de l'État , mais pas tous
de la même manière. Si un homme a tant de peine à
s'accorder avec lui-même , comment s'accordera-t-il
constamment avec sept autres , qui ne se ressemblent
pas même à eux ?... Cependant il faudra qu'une opinion

Revenez

Revenez donc , ah ! revenez à la voix des siècles qui vous rappellent ! Revenez à celle

---

l'emporte , et pour cela qu'une autre soit vaincue ; le vainqueur sentira sa force , le vaincu sa défaite ; mais l'un pour se persuader qu'on ne lui pardonnera pas sa victoire , l'autre pour ne la pardonner jamais , et le premier pour s'assurer , le second pour reprendre l'Empire. Cependant l'Amour-propre a été mortellement blessé , et blessé devant tout un peuple ; l'Ambition a été confondue , confondue dans son plus cher espoir.... C'est dans ce trouble extrême que la vertu , s'épuisant par un dernier effort , lui dit en expirant , *sacrifie-toi à ta Patrie* ; et la passion , en s'éveillant dans toute sa fureur , *sacrifie la Patrie à toi*... C'en est fait, la passion a parlé. Patrie , devoir , honneur , vous allez disparoître : l'homme a dit qu'il vouloit se venger. Tous les moyens seront bons désormais , car il s'agit de la conservation personnelle. Si je laisse aller le pouvoir , se dit l'un , mon ennemi m'en écrasera ; si je ne l'ôte pas à mon ennemi , j'en serai écrasé , se dit l'autre : et c'est alors que l'*Esprit de parti* agissant , tantôt pour détacher , tantôt pour s'attacher des partisans , courra comme le feu souterrain qui alimente le volcan , tandis que les *Parties*, ainsi que le volcan lui-même , feront leur explosion à découvert dans toute leur furie.

Dans cette extrémité , la Loi va devenir le glaive *du plus fort* ; c'est avec elle que frappant et se couvrant tour-à-tour , il nommera *crime d'État* sa propre injure , *ennemi de l'État* son ennemi , et retirant la protection des loix à tout ce qui n'est pas rangé sous sa bannière ,

d'une expérience de six ans. Ecoutez vos malheurs! contemplez la dure pénitence que fait un peuple généreux de la confiance qu'il mit en vous, et qu'il vous suffise des pleurs que vous avez fait couler! ... Le temps passé vous dit, que jamais la démocratie *pure* n'exista : que la démocratie *mixte* eut peine à subsister même avec les *mœurs primitives* dans un Etat très-circonscrit. Et vous! vous les vingt-cinq millions d'hommes les plus corrompus de la terre, vous répandus sur 30 mille lieues carrées, vous prétendriez appliquer à cette *masse*, à cette *corruption*, à cette *étendue*, ce qui n'exista pas même en petit... Êtes-vous donc incorrigibles! eh bien! regardez cette démocratie qui répandue seulement dans l'enceinte des Tuileries et parmi sept cents

---

se débarrassera du soin de surveiller, par l'extermination de ses ennemis.

Cette marche, ce n'est pas un simple calcul de l'esprit, ce n'est pas même la nature des choses qui nous l'ont révélé ; c'est une expérience de cinq ans qui nous confirme cette terrible vérité déjà connue de Thucydide : Que les révolutions, ainsi que les blessures, s'enveniment en s'invétérant ; et cette autre énoncée par Rousseau : Que l'*homme* est bon, et que les *hommes* sont méchans.

hommes d'élite , a engendré plus de for-
faits que jamais n'en eclairera le soleil !
Consultez sa détestable généalogie ! Pour
mère , elle eut la corruption ; pour fille , elle
eut la guerre , ensuite la famine ; et de
l'incestueuse union de ses execrables enfans,
que peut-il naître que la peste ?

Mais où vais-je chercher tout cela ? Que
vais-je vous parler de gouvernement ? Où
sont les materiaux , les architectes , le
local ?... Matériaux inutiles , architectes
de démolitions , local encombré de ruines...
que prétendez-vous faire ? Que ferez-vous
de ces hommes *dénaturés* et *décivilisés* à
la fois qui n'ont plus rien de ce qu'il faut ,
ni pour la vie sauvage , ni pour la vie civile , et qui d'abord formés par vous à la
révolte , sont enfin devenus vos maîtres ?

Avec quoi gouvernerez-vous des êtres
qui n'ont plus ni loix , ni religion , ni
morale , et auxquels vous n'avez laissé que
cet insociable MOI ?

Si l'homme avoit pu être assez sévère
envers lui - même pour être son propre
Magistrat, il ne lui en eût pas fallu d'autres.

Mais sa conscience ne lui suffisoit pas : ce
juge peut être gagné ; il en falloit donc un
dont l'œil invisible apperçût ce qui echappe

aux yeux des hommes , et dont le bras puissant atteignît ce que le bras de la justice humaine n'atteint pas : Idée sublime , qui mettant le présent sous l'inspection de l'avenir , et l'homme sous la main de DIEU , en faisoit un être *moral* , en lui disant qu'il étoit immortel. — Mais ce n'étoit pas encore assez : pour rendre *social* un être qui ne tend *qu'à lui-même* , il falloit plus que des liens occultes ; la MORALE n'établissoit qu'un tribunal secret , la RELIGION qu'un tribunal à venir ; il en falloit un visible et présent : de-là le besoin des LOIX. Et c'est ainsi que les loix , la religion et la morale , pétries et combinées ensemble , ont fourni le ciment de toutes les sociétés connues , et que les hommes , enchaînés par cette triple chaîne , ont pu se réunir sans s'entre-dévorer.

Tant que ces trois motifs de l'ordre social subsistent dans toute leur vigueur , la société est douce , paisible et se conserve sans effort ; tel est leur premier âge : mais lorsque l'un de ces motifs vient à manquer ou à foiblir , il faut que les deux autres se renforcent d'autant ; tel est le moyen âge. Enfin , lorsque de ces ressorts il n'en reste plus qu'un , il faut qu'il présente à lui seul autant de force qu'ils en présentoient à eux trois ; tel est le dernier âge des Nations. Ainsi pour un peuple sans mœurs, il faut de la religion poussée jusqu'à la superstition ; tel est le cas de l'Espagnol (1). Le crime qu'il eût commis au mépris de lui-même, il en sera retenu par la crainte du diable : pour un peuple sans religion, il faut une morale très-exaltée ; tel est le cas de l'Angleterre où, par respect pour soi, l'on s'abstiendra d'une action dont n'eût pas détourné la crainte des feux éternels : pour un peuple enfin qui n'aura ni religion, ni morale, il faudra des loix d'une rigueur extrême, loix terribles comme l'enfer et le remords ; tel est le cas des peuples arrivés au dernier degré de corruption.

Mais vous qui n'avez rien de tout cela,

---

(1) Loin de moi la pensée d'outrager l'Espagnol : ce peuple, séparé par son orgueil et la langueur de son commerce, du reste de l'Europe, est peut-être le seul auquel il reste quelque chose de national. Entre l'Anglais et lui, telle est, je crois, la différence ; que le premier loue son pays par mépris pour les autres, et celui-ci par estime pour le sien. Héritier de la gravité des Goths et de la magnanimité Moresque, fidèle, sobre, hospitalier, j'oserois avancer que ses vertus ne sont qu'à lui, ses vices qu'à son gouvernement ; et quand je remarque qu'il faut à un tel peuple une religion très-forte, je ne parle pas plus pour lui que pour tous ceux où le climat ayant beaucoup de force, et les mœurs par conséquent très-peu, il en faudroit une très-grande dans les loix, si la religion ne leur servoit d'auxiliaire.

vous qui , au-dela du chaos que vous avez créé , n'avez placé que le néant; vous qui avez dépeuplé le cœur humain et n'y avez laissé que le vide , que ferez-vous de ce peuple dépouillé ? De bonne foi , est-ce la liberté qu'il faut à des hommes sans frein ? Non , non , par l'éternelle vérité ; non , ce n'est plus de liberté , ce n'est plus même de gouvernement dont il s'agit pour de tels hommes : c'est le RÉGIME de la POLICE , cet impitoyable régime qui ne contient qu'avec les réverbères et les gibets ; voilà ce qui convient aux hommes de votre création... Pensez-vous , pensez-vous rétablir les liens sociaux en aussi peu de temps que vous les avez dissous ? Pensez - vous que décréter la vertu soit l'établir , et que défendre le crime soit l'empêcher ? Non , non , Novateurs sans génie ! Le temps se vengera sur vos ouvrages , du mépris que vous avez eu pour les siens : ce qu'il avoit formé dans la lenteur des siècles , il vous a plu de le détruire en un instant : eh bien ! en un instant aussi s'écroulera l'ouvrage d'un instant ; vous-mêmes serez ses vengeurs , et vous serez encore , que vos institutions ne seront plus.

Mon cœur étoit si serré en proférant ces mots , que je versai des larmes en abondance. Tant de malheurs que j'avois vus, tant de crimes plus grands que ces malheurs, toute une génération en poussière ou en ruine; les générations à venir, déja éteintes avant que d'être, la liberté défigurée, et pour jamais hideuse aux yeux des siècles, toutes ses images, venant à m'obséder à la fois, me jetèrent dans la plus grande consternation. *Malheur à la main qui dégrade!* m'écriai-je en m'éloignant, et je me retirai sous de grands maronniers qui couvrent le jardin. Le souvenir de mon pays vint alors m'apparoître avec ses habitans grossiers, mais exempts de crimes, ses ruines non sanglantes, ses solitudes non dévastées, et je me trouvai soulagé. Grace à ton ignorance et à ta pauvreté, dis-je tout bas! le Novateur ne violera pas tes asyles; avant long-temps du moins il ne bouleversera nos familles : mais s'il devoit un jour y pénétrer, j'écrirois sur quelque Ruine :

*

IL FUT UN EMPIRE FLORISSANT,

MAIS VIEUX;

DANS L'ABONDANCE DES ARTS ET DU LUXE

IL GOUTOIT LE REPOS;

PREMIER BIEN DU VIEILLARD

* *

Un jour le tentateur lui dit :
Échange cet indigne repos
Contre la LIBERTÉ,
Premier bien du jeune age.
Redeviens jeune !

* * *

Et soudain :
Le vieillard se lève,
Et veut, en reculant, courir
Vers la Liberté...
Mais bientôt il chancelle,
Il tombe,
Il expire épuisé.

* * * *

Et le TEMPS a gravé sur sa tombe :
Je l'ai puni de m'avoir voulu devancer.